BITCOIN

비트코인,
NFT,
메타버스,
이론부터 수익 창출까지

NFT

METAVERSE

돈이 복사되는
가상자산
수업

반병현 지음

ᐱ 생능북스

가상자산 수업

초판 인쇄 2022년 6월 7일
초판 발행 2022년 6월 13일

지은이 ┃ 반병현
펴낸이 ┃ 김승기
펴낸곳 ┃ ㈜생능출판사 / **주소** 경기도 파주시 광인사길 143
브랜드 ┃ 생능북스
출판사 등록일 ┃ 2005년 1월 21일 / **신고번호** 제406-2005-000002호
대표전화 ┃ (031) 955-0761 / **팩스** (031) 955-0768
홈페이지 ┃ www.booksr.co.kr

책임편집 ┃ 유제훈 / **편집** 신성민, 이종무, 김민보
마케팅 ┃ 최복락, 심수경, 차종필, 백수정, 송성환, 최태웅, 명하나
인쇄 ┃ 교보피앤비 / **제본** ┃ 일진제책사

ISBN 978-89-7050-550-3 03320
값 18,000원

돈이 복사되는
가상자산
수업

들어가며

투자에 있어 '최선의 선택'이란 투자자가 가진 정보의 양에 따라 항상 달라집니다. 정보가 부족할수록 소극적으로 임하는 것이 합리적일 것이며, 정보가 충분하여 리스크 대비 수익성에 대한 확신이 있다면 소신껏 투자금을 집행하는 것이 합리적일 것입니다.

기회를 놓쳐 후회하는 것도 슬프고, 지나치게 과감한 투자로 재산을 잃어버리는 것도 슬픕니다. 합리적인 투자자라면 투자를 실천할 때도, 투자하지 않기로 결심할 때도 항상 합리적인 근거를 두고 움직여야 합니다.

이 책은 여러분께 정확한 정보를 쉽게 제공하는 것을 목표로 하고 있으며, 결과적으로 여러분이 합리적인 투자를 위한 의사결정을 내리는 데 도움을 드리기 위해 작성되었습니다.

비트코인이 '떡상'할 것이라는 전망은 2010년부터 돌던 이야기였습니다. 결과적으로 이 예측은 현실이 되었습니다. 타당한 예측이었죠. 하지만 당시 이 이야기를 듣고서 적극적으로 재산을 비트코인에 투자한 사람은 많지 않았습니다. 일반인이 판단을 내리기에는 정보가 부족했으며, 부정확한 정보도 너무 많이 유통되었기 때문이지요.

이 책에서는 비트코인의 탄생 배경에서 출발하여 최근 뜨거웠던 토픽인 NFT와 메타버스 분야의 '떡상'까지 다루어 볼 것입니다. 무책임한 뉴스 기사들에서 소개되었던 잘못된 정보들을 바로잡아 볼 것입니다. 또한 일반인이 하나씩 정리하기에는 조금 어렵거나 범위가 넓은 정보들을 보기 쉽게 정리해 볼 것입니다.

부디 이 책이 여러분의 향후 10년 뒤, 20년 뒤의 부를 형성하는 데에 조금이나마 도움이 되기를 바랍니다.

2022년 5월
작가 드림

차례

---○ CHAPTER **6** ○────────────────────

NFT, 현실 세계와 메타버스 세계의 징검다리 124

---○ CHAPTER **7** ○────────────────────

NFT로 돈을 벌고 싶다면 145

PART

1

테크 트리니티

CHAPTER 1

테크 트리니티(Tech Trinity)

테크 트리니티

누군가 우리의 일상을 가장 크게 흔들어 놓을 기술이 무엇이냐고 물어본다면 주저 없이 블록체인[1], NFT[2], 그리고 메타버스[3]라 대답하겠습니다. 이들은 각각 독립적으로도 세계의 주목을 받고 있습니다만, 함께하면 더욱 강해집니다.

기존의 산업군과 조금은 결이 다른 이 세 개의 기술은 함께 모여 전혀 새로운 세상으로 우리를 안내할 것입니다. 그렇기에 작가는 이 기술들이 열어갈 미래의 모습에 대한 기대와 경외를 담아 기술적 삼위일체 Tech Trinity라는 거창한 별명을 붙여주려 합니다.

---

1 데이터 블록을 사슬처럼 이어붙인 것. 암호화폐의 기반이 되는 기술이다.

2 대체 불가능한 토큰. 데이터에 꼬리표를 붙여 유일성, 유한성을 보증하고 복제를 방지하는 기술이다.

3 현실 세계(universe)와 독립된, 인터넷 속의 가상의 세상

파급력에 대한 기대와 우려가 크기 때문일까요? 테크 트리니티는 투자자의 뜨거운 관심과 우려를 동시에 받는 섹터이기도 합니다. 그렇다고 뜨거운 관심과 야수의 심장만으로 잘 알지 못 하는 분야에 소중한 자산을 무작정 투자할 수는 없는 노릇입니다.

트렌드에 민감한 투자자들의 견해와는 달리, 의외로 첨단기술은 생각보다 우리 삶의 모습을 급진적으로 변화시키지는 않습니다. 알파고와 이세돌의 대결 이후 많은 사람은 많은 직업군이 인공지능과의 경쟁에서 도태되어 역사의 뒤안길로 사라질 것이라 생각했습니다.

하지만 현실은 우리의 생각과는 조금 다른 모습입니다. 우리의 삶이 편리한 곳으로 나아가고는 있지만 그 속도는 우리가 충분히 적응할 수 있을 정도입니다. 하지만 변화의 물결이 느릴지언정, 우리는 그에 거스를 수 없습니다.

인간은 적응의 동물입니다. 그리고 적응이란 돌이키기 힘든 성질이 있어 무서운 것입니다. 만약 스마트폰의 화면 크기가 10년 전처럼 작아지기만 해도 우리는 견디지 못할 것이 분명합니다.

4차 산업혁명 시대도 어느새 중반을 향해 달려가고 있습니다. 상상 속에서만 존재했던 기술이 산업 현장에서 제품화되고 있으며 매우 비쌌던 장비들도 조금씩 가격이 내려오고 있습니다. 지금까지 축적해 온 기술이 천천히 일반인의 삶으로 스며들기 시작하는 단계로 접어든 것입니다.

때로는 우리가 적응하기도 전에 세상을 흔들어 놓는 기술들도 등장하기 마련입니다. 비트코인이 좋은 예시입니다. 언제부터인가 갑작스럽게 가격이 치솟으며 실물경제에 영향을 끼치기 시작한 비트코인은 전 세계적 규모로 부를 이동시켰습니다.

모두가 비트코인은 거대한 사기극이라 생각했지만, 상상 이상으로 비트코인은 현실 세계의 경제에 큰 영향력을 끼치고 있습니다. 가장 최근의 예시를 들자면, 우크라이나와 러시아가 한창 전쟁 중인 현재에 비트코인은 폭락한 루블화를 대체하기 위한 수단이 되어 누군가의 생계를 유지해주고 있기도 합니다.

누군가는 말합니다. 비트코인의 급부상은 너무나도 갑작스러워서 대처할 수 없었다고요. 하지만 조금 냉정하게 말하자면, 이는 비트코인의 급부상이 갑작스러웠다기보다 첨단기술에 대한 우리의 관심이 부족했기 때문은 아닐까요? 비트코인은 2008년에 탄생했지만 처다볼 수도 없을 만큼 비싸진 지는 몇 년 되지 않았습니다.

어쩌면 폭넓은 첨단기술 분야에 촉각을 곤두세우고 있던 사람들이 초기에 기회를 잡았고, 약속된 부를 쟁취한 것일지도 모릅니다. 현재 많은 사람이 관심을 두고 있는 NFT와 메타버스 역시 비슷한 흐름으로 이어지지 않을까 생각됩니다.

언론을 통해 접하는 기술적 정보는 한계가 있습니다. 기자들도 때로는 기술을 정확히 이해하지 못한 채 다른 기사를 그대로 복사해오기도 합니다. 특히 최근에 보급된 기술들과 복잡한 기술들에서 그런 사례가 많습니다.

시중에 출시된 책으로 접하는 정보도 한계가 있습니다. 아무래도 NFT와 메타버스라는 이슈에 빠르게 대응하려다 보니 실제로 수익으로 이어지는 내용에 대한 설명이 부족하거나, 기술을 설명하는 데에 그치는 경우가 많아 아쉬웠습니다. 그래서 이 책을 쓰게 되었습니다.

테크 트리니티가 우리 삶을 어떻게 바꿔놓았는지, 앞으로 우리 삶은 또 어떤 모습으로 바뀔 것인지를 함께 고민해보도록 하겠습니다. 뿐만 아니라 미래 유망 기술에 투자를 고려 중인 분들을 위해 투자 위험 요인들도 함께 살펴보겠습니다. 위험 요소를 확실하게 인지하고 나면 기회와 안전한 시그널들이 보일 것입니다. 바뀌어가는 미래의 물결 위에서 투자를 고민 중인 분들이 투자의 기준을 확실히 세울 수 있도록 곁에서 돕겠습니다.

전 세계 금융가를 당황하게 만든 비트코인의 등장과 급부상! 거기에서 파생된 NFT라는 기술도 수십억 원 규모의 돈을 움직이며 우리의 마음을 싱숭생숭하게 했습니다. 메타버스 열풍은 말할 것도 없고요. 이 모든 현상이 신원 미상의 개발자, 사토시 나카모토라는 한 사람의 손끝에서 시작되었다는 사실을 아시나요?

비트코인에서 시작되어 끝을 알 수 없이 커져만 가는 파급효과를 따라잡기 위하여 우리는 이리저리 흩어진 퍼즐 조각들을 차곡차곡 맞춰볼 것입니다. 어쩌면 이 책은 국제 금융위기 속에서 탄생한 비트코인이 쏘아올린 작은 공의 흔적을 되짚어보는 한 편의 추리소설일지도 모릅니다.

우리는 지금부터 비트코인, NFT, 메타버스라는 거대한 현상을 비교적 객관적인 시선으로 바라볼 것입니다. 세 기술의 탄생 과정과 작동 원리를 가볍게 알아볼 것이고, 어떤 방식으로 실물경제에 영향력을 행사하게 되었는지 살펴볼 것입니다. 그리고 이를 바탕으로 미래에 펼쳐질 기회에 대하여 이야기를 나누어 볼 것이고요.

안타깝게도 투자하기에 좋은 종목을 추천해 드리는 것은 어려울 것 같습니다. 작가가 원고를 작성 중인 현재 시점의 시장과 독자 여러분이 책을 읽게 될 미래 시점의 시장은 분위기가 다를 테니까요.

이 책에서는 테크 트리니티 시대에 걸맞은 자동화된 수익 창출 방법을 소개해 드립니다. 또한 작가가 직접 제작한 자동화 소프트웨어를 활용하여 암호화폐 매매를 자동화해 볼 것입니다. 여러분이 잠을 자는 동안에도 컴퓨터가 열심히 돈을 벌어 올 것입니다. 그리고 한창 급부상 중인 NFT 아트 제작도 컴퓨터로 자동화해 볼 것이며, 더 나아가 메타버스 세상 속의 아이템 디자인을 자동화하여 수익을 창출하는 방법을 알려드릴 것입니다.

전문가들도 헷갈리게 만드는 어려운 기술적 개념, 복잡한 경제학적 이해관계, 너무나도 빠르게 변하는 트렌드. 세 마리 토끼를 모두 잡아 먹음직스럽게 요리하기 위하여 보이지 않는 곳에서 많은 고생이 있었습니다. 부디 여러분은 봄 소풍을 떠나는 듯 가벼운 마음으로 비트코인에서 메타버스로 이어지는 여정을 즐겨주기를 바랍니다.

비트코인

비트코인을 일종의 사행성 도박으로 오해하는 분들도 있습니다. 물론 비트코인의 가격 등락 폭이 매우 커서 일종의 투기 대상이 되었지만, 비트코인은 본래 투기를 위한 수단으로 개발된 것은 아닙니다.

비트코인의 가장 큰 의의는 '블록체인'이라는 기술을 최초로 실현했다는 데에 있습니다. 블록체인이 무엇인지는 조금 뒤에 다뤄보도록 하겠습니다.

혹자는 블록체인이 굉장히 유용한 도구라는 점은 인정하지만, 블록체인에서 파생되는 코인은 용납하지 못하겠다는 입장을 보이기도 합니다. 코인이 투기의 대상이 되고 있으므로 반감을 가지는 것도 이해가 됩니다.

그뿐만 아닙니다. 코인을 확보하려면 '채굴'이라는 행위가 필요한데요. 채굴을 위한 대량의 반도체 장비가 필요하며 매 순간 엄청난 양의 전기가 소모되고 있습니다. 허상의 존재인 암호화폐를 확보하기 위하여 대량의 전기를 소모하는 채굴 행위를 금지해야 한다고 주장하는 전문가도 많습니다.

하지만 암호화폐와 채굴의 본질은 전력 낭비를 부추겨 환경을 파괴하는 것이 아닙니다. 블록체인이 정상적으로 운영되려면 누군가 전력을 투입해 복잡한 계산을 열심히 수행할 필요가 있습니다. 이 계산을 수행하는 사람에게 보상으로 암호화폐를 부여한다면, 누군가가 열심히 자기 돈으로 전기를 구매하며 계산을 대신해 줄 것입니다. 이것이 바로 현재 문제로 지적받고 있는 채굴 행위입니다.

채굴자들이 자신의 전기를 투입하여 복잡한 계산을 수행하면 블록체인이 작동하며, 전 세계 사람들의 화폐 결제 시스템이 동작하게 됩니다. 결국 이기적인 소수가 반도체 장비와 전기료를 부담하는 것으로, 전 세계의 다른 사람들이 편리한 결제 시스템을 누리게 되는 것이 비트코인이 바라는 이상입니다.

여기까지만 이해해도 여러분은 채굴자들이 채굴을 그만두거나, 채굴과 관련된 규제가 발생하면 비트코인 가격이 내려가는 이유를 이해할 수 있을 것입니다. 결제의 편의성과 효용성이 감소하기 때문에 화폐로서의 가치가 하락하여 가격이 내려가는 단순한 시장경제 논리입니다. 반대로 채굴이 활발하게 진행되면 코인의 가격이 올라가겠지요?

비트코인이 선보인 블록체인 기술은 많은 엔지니어에 의하여 다양한 모습으로 재탄생했습니다. 이 중 가장 공부할 가치가 있는 체인은 '이더리움'입니다. 이더리움은 단순한 투자 대상이나 화폐 기능만 있는 것이 아니라, 별도의 프로그래밍 도구를 내장하고 있어서 이더리움을 활용하면 별의별 애플리케이션을 만들 수 있습니다. 예를 들면, NFT 같은 것 말이죠.

NFT

NFT는 블록체인 기술의 발달 과정에서 튀어나온 응용 사례입니다. NFT가 존재하려면 블록체인이 있어야 하고, 블록체인이 가동하려면 암호화폐가 필요할 테니 결과적으로 NFT는 암호화폐와 한배를 탄 운명이라고 봐도 무방할 것 같습니다.

NFT는 예술 작품을 보관하는 또 다른 형태라고 생각하는 분도 많습니다. 이것이 아주 틀린 것은 아니지만, 완전히 맞는 것도 아닙니다. 뒤에서 보다 상세하게 다루겠습니다만, NFT의 본질은 데이터에 꼬리표를 붙이는 것입니다. 여기에서 파생되는 활용 사례가 무척이나 다양하여 유용성을 인정받고 있습니다.

하지만 NFT는 투기의 대상이라는 이미지가 너무 강하게 자리잡혔습니다. 최근 언론에서 잘못된 기사를 너무 많이 내보낸 탓입니다. 대학생이 NFT를 팔아서 수십억 원을 벌었다는 등의 기사를 본 적이 있을 겁니다. 이런 기사들은 대부분 실제 수익 금액에 비해 50배 이상 과장된 이야기입니다. 주식으로 치면 시가총액과 1주당 가격을 헷갈린 셈이지요. 아마 처음 기사를 작성한 기자도 잘 몰랐기에 그런 기사를 작성했을 것입니다. 검증 없이 그 기사를 베껴 쓴 기자들은 조금 질타받을 만하지만 말입니다. 심지어 이 내용이 사실인 것처럼 소개하는 책도 출간됐더군요.

NFT에 대해 관심이 많은 사람은 명백히 오류가 있는 기사라 생각하고 무시하면 그만입니다. 하지만 그 기사를 접하는 일반인들은 마음이 불편해집니다. 뉴스 기사를 그대로 믿을 수밖에 없기 때문이죠. 기자님들이 어련히 진위를 확인하고 썼으리라 기대하니 말입니다. 대체 NFT가 무엇이기에 저렇게 어린 청년이 수십억을 벌었다는 것인지 관심을 갖는 게 당연한 순서입니다.

그러면 사람들은 다시 세 계층으로 나뉘게 되죠. 자기도 기회를 잡으려는 사람, 시큰둥한 사람, 그리고 액수가 너무나도 거대하여 NFT라는 기술과 생태계를 거대한 사기극으로 치부하는 사람으로 말입니다.

첫 번째 사람들은 필요 이상으로 시간과 돈을 낭비하게 될 수 있습니다. 두 번째와 세 번째 사람들은 남들은 다 잡는 기회를 놓쳐버릴 수도 있습니다. 거기서 끝나면 다행이지요. 세 번째 사람들은 어쩌면 NFT가 세상을 바꾼 뒤에 도태되어 버릴지도 모릅니다.

이것으로 끝나면 다행입니다만, NFT가 투기의 대상이라는 이미지는 쉽게 가시지 않을지도 모르겠습니다. 결과적으로 NFT 생태계가 불러올 미래의 혁신이 투기라는 이미지로 방해될까 우려됩니다.

더 자세한 이야기는 뒤에서 다루도록 하겠습니다.

메타버스

메타버스야말로 알 듯 모를 듯, 우리 마음을 간질이는 대상일 것입니다. 온 세상이 메타버스라는 주제로 떠들썩합니다.

페이스북은 사명을 메타Meta로 바꿔버렸고, 마이크로소프트는 메타버스 개발 플랫폼 출시를 발표하며 전 세계 시가총액 1위를 달성하였으며, 엔비디아는 메타버스 기술 수혜 주 포지션을 주장하며 한 달 만에 주가를 60%나 끌어올리기도 했습니다. 메타버스가 세상이 열광하는 주제이며 전 세계의 경제 흐름을 주도하는 테마라는 사실은 자명해 보입니다.

언론에서는 연일 메타버스가 세상을 바꿀 것이라 대서특필하고 있습니다. 하지만 뉴스 기사를 봐도 사실 메타버스가 왜 그리도 중요한 이슈인지 와닿지 않습니다.

마치 내 눈에는 아무것도 보이지 않는데, 남들 모두가 허공을 향해 뜨거운 갈채를 보내는 것을 바라보는 것처럼 어리둥절합니다. 동화 속의 벌거벗은 임금님이 이런 기분이었을까요? 나만 뒤처지는 것 같고, 나만 기회를 잃어버리는 것 같아 조금은 두렵기까지 합니다.

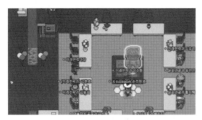
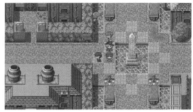

넷 중 메타버스 플랫폼은 무엇일까요?

메타버스와 관련된 뉴스 기사를 봐도 우리의 눈에는 무엇이 대단한지 썩 와닿지 않습니다. 위의 4장 이미지 중 어느 것이 메타버스 플랫폼인지 구분이 되나요? 왼쪽 위의 사진은 메타버스 플랫폼인 '게더타운'의 스크린 캡처입니다. 이후 시계 방향 순서로 각각 바람의나라[4], 쯔꾸르[5], 어몽어스[6]의 게임 플레이 화면입니다.

2021년 연말을 가장 뜨겁게 달군 신기술인 메타버스 플랫폼은 훨씬 오래전에 출시된 게임들과 비교해도 큰 차이가 느껴지지 않습니다. 그런데도 언론에서는 메타버스 플랫폼 예찬론이 쏟아져 나옵니다. 왜들 이렇게 난리일까요?

---

4 1996년에 출시된 한국 온라인 RPG 게임
5 누구나 솔로 플레이 RPG 게임을 쉽게 제작할 수 있도록 만들어진 아마추어용 게임 제작 툴
6 2018년에 출시된 미국 멀티플레이 게임

메타버스라는 녀석이 우리의 일상을 SF 세상처럼 극적으로 바꿔놓을지는 잘 모르겠습니다만, 평범한 일상을 살아가는 우리의 마음을 싱숭생숭하게 만드는 데에는 성공한 것 같습니다. 네, 우리는 메타버스 세상이 도래했음을 엉뚱한 곳에서 피부로 느끼고 있습니다.

마치 안개로 자욱해 앞이 보이지 않는 공간 속에서 발을 내디뎌야 하는 심정입니다. 안개 속의 모든 사물을 또렷하게 들여다보는 것은 힘든 일이겠지만, 적어도 우리가 어느 방향으로 나아가야 하는지, 왜 등을 떠밀리고 있는지 정도는 함께 살펴보도록 하겠습니다.

테크 트리니티, 투기가 만든 허상인가?

반드시 실체가 존재하는 대상에만 투자하며, 그 실체를 분석하여 성장 가능성을 판단하는 투자 기법을 '가치투자'라고 합니다. 대표적인 가치투자자로는 워렌 버핏이 있습니다. 그러나 최근에는 가치투자 무용론이라는 극단적인 주장도 접할 수 있습니다.

복잡한 이론을 언급하지 않고도 손쉽게 납득이 가능한 사례가 있습니다. 바로 비트코인입니다.

수년 전, 금융 전문가들은 입을 모아 비트코인은 실체가 없는 대상이니 구매에 주의해야 한다고 말했습니다. 그런데 현재는 어떤가요? 당시 전 재산을 비트코인에 투자했다면 우리는 현재 굉장한 부를 누리는 부자가 되어 있을 것입니다. 그때 우리를 뜯어말렸던 전문가들의 멱살이라도 한번 잡고 싶어집니다.

실체, 즉 펀더멘털[7]이 없는 종목은 오로지 호가[8]에 의해서만 가격이 결정됩니다. 사실 이는 가치투자 종목 또한 마찬가지입니다. 가치투자의 전제 조건은 기업의 펀더멘털에 의해 호가가 조정[9]될 것이라는 믿음이 기저에 깔려있습니다. 극단적인 예시를 살펴보겠습니다.

A라는 기업이 잘 나가서 투자금의 30%에 가까운 배당금을 돌려줍니다. 이 기적적인 수익률은 순식간에 소문이 날 것이며, 많은 사람이 A 기업의 주식을 구매하려고 할 것입니다. A 회사의 주식을 판매하려는 사람보다는 구매하려는 사람들이 더욱 많아질 것이므로, 구매자 사이에 경쟁이 붙어 조금씩 구매 호가가 높아집니다.

사람들은 합리적인 선택을 하려는 경향이 있으므로, 은행 이자보다 A 기업의 배당률이 높다면 계속해서 A 회사의 주식을 구매하려 할 것입니다. 이 과정에서 구매 호가는 점점 높아질 것입니다. 배당금액이 고정이라는 가정하에, 구매에 필요한 자금이 상승하므로 투자금 대비 배당금의 비율은 30%에서 점점 낮은 수치가 될 것입니다.

원래 A 회사의 주식을 보유하고 있던 사람들은 주가가 높아지면 높아질수록 배당에 대한 매력을 크게 느끼지 못하게 됩니다. 차라리 가격

---

7 fundamental. 기초 또는 기반이라는 뜻으로, 투자 대상이 가진 본질적인 가치라는 의미로 사용된다. 예를 들어, 기업의 펀더멘털은 매출, 자본총액, 영업이익, 계약현황 등 기업 주식에 실제적인 가치를 부여하는 대상을 의미한다.

8 물건을 사거나 팔기 위해 가격을 부르는 행위, 또는 그 가격. 매수호가는 '얼마에 사겠습니다.'라는 뜻이며, 매도호가는 '얼마에 팔겠습니다.'라는 뜻이다.

9 높게 치솟은 주식의 가격이 다시 하락하는 현상. 주가가 높아진 시점에서 기존 주주들이 차익실현을 위해 주식을 판매하는 것이 조정의 대표적인 원인이다.

이 엄청나게 높아진 현시점에서 주식을 모두 팔아버리고, 저평가된 다른 기업을 찾아가는 편이 낫다고 생각해 대규모의 주식 물량을 시장에 던집니다. 판매 물량이 쏟아져 나오면서 매수자들은 조금 더 저렴한 가격에 주식을 구매할 수 있게 되었습니다. 이 현상을 조정이라 부릅니다.

결국 A 회사의 주식 가격은 점점 가격이 올라 배당 수익률이 은행 이율과 비슷하거나 조금 나은 수준에서 상승 폭이 멈출 것입니다. 이것이 단편적인 가치투자 시나리오 일부입니다.

가치투자자는 기업의 주가가 결국 합리적인 지점으로 수렴할 거라는 믿음을 따르는 투자 기법이라 할 수 있겠습니다. 이를테면, "배당수익률이 은행 이자보다 높다면 이 주식의 주가는 계속 오를 거야. 그런데 이 기업은 앞으로 엄청나게 성장할 거니까, 배당수익은 더욱 늘어날 거고, 결국 주가가 엄청난 폭으로 상승할 거야." 같은 믿음 말입니다. 물론 이 예시는 간단하게만 표현한 것이며, 실제 가치투자에서는 훨씬 다양한 상황을 고려하여 투자해야 할 이유를 판단합니다.

그런데 이러한 믿음은 7년이나 10년 등 장기간에 걸쳐서는 성립하면서도, 단기적으로는 성립하지 않는 경우를 쉽게 살펴볼 수 있습니다. 이를테면 2021년 6월에 발표한 삼성전자 실적이 뛰어나다고 해서, 이 실적 상승이 6월 말 주가에 즉시 반영되어 가격이 오르지는 않을 수 있습니다. 기업이 가진 실제적인 가치와 매수-매도자 간의 호가에 괴리가 생겼기 때문입니다.

가치를 중시하는 가치투자자들도 이 현상에 동조하기 때문에 가치투자자들은 장기투자를 주장합니다. 시간이 오래 지나면 지날수록 호가와 실제 가치 사이의 차이가 줄어들 것이라고 믿기 때문입니다.

실체 그 자체인 부동산 가격도 한번 생각해 보겠습니다. 우리 동네의 집값이 올랐다는데, 이건 어떻게 알 수 있는 걸까요? 우리 집 현관에 가격표가 붙어있는 것도 아니고, 누군가 매일 우리 집을 찾아와 집 앞에 붙어있는 가격표를 수정하는 것도 아닌데 말입니다. 그건 그냥 그 동네 부동산의 전반적인 매도호가와 매수호가가 올라갔다는 뜻입니다. 실물자산인 부동산의 가격조차 매수호가와 매도호가에 따라 결정됩니다.

전문가들이 실체가 없다고 이야기하는 비트코인을 살펴보겠습니다. 비트코인은 실물 가치가 전혀 존재하지 않습니다. 비트코인은 경제활동을 하는 기업도 아니며, 배당을 주지도 않고, 물리적인 가치를 제공하지도 않습니다. 그야말로 펀더멘털이 없는 존재입니다. 그런데도 비트코인 가격은 천정부지로 치솟고 있습니다. 이 현상을 어떻게 해석해야 할까요?

비싼 가격에 구매하고자 하는 구매 호가가 있으므로 가격이 올라간 것입니다. 가격이 오르는 원인을 해석하는 방법은 다양하겠지만 현상은 그저 이렇게 판단해도 족합니다. 구매심리와 이에 따른 호가는 쏟아지지만 펀더멘털이 없기 때문에 변동 폭이 크다고 이해해도 무난합니다. 실체가 없는 자산도 가격이 폭등할 수 있음을 살펴봤습니다. 이 관점에서 메타버스라는 테마를 다시 한번 생각해 보도록 하겠습니다.

메타버스가 실체가 있는 존재인지 허상인지를 판단하는 것은 몹시 힘든 일입니다. 하지만 메타버스가 실물경제를 움직이고 있는 것은 사실이며, 메타버스 테마주에 투자해 돈을 번 사람도 많습니다. 안랩Ahn Lab

이 10년 전에 로블록스에 투자한 2천만 원이 현재 250억 원이 되었다는 이야기는 무척이나 유명합니다.

반면 남들이 몰려드는 테마주에 투자해 깡통을 찬 사람들의 이야기 역시 쉽게 접할 수 있습니다. 메타버스가 정말 세상을 바꾸며 우리를 부자로 만들어 줄 마지막 사다리가 될지, 혹은 제2의 닷컴버블[10]이나 제2의 튤립버블[11]에 지나지 않을지는 아직 판단할 수 없습니다.

우리는 절대 무모한 투자자가 되어서는 안 됩니다. 하지만 지나치게 겁을 먹고 소극적으로 미래를 준비한다면 많은 기회를 놓칠 수 있습니다.

일단 메타버스가 왜 이렇게 인기인지, 왜 실물경제를 메타버스가 흡수하고 완충할 거라는 전망이 발표되고 있는지 이해하는 것을 첫 번째 목표로 하겠습니다. 메타버스가 무엇인지, 그리고 메타버스와 관련된 다양한 현상들이 왜 부흥기를 맞이했는지를 이해하면 조금 더 객관적인 시야에서 메타버스를 바라볼 수 있을 것입니다.

---

10 IT 산업 부흥기에 있었던 증시 버블 현상으로, 회사 이름에 '.com'이라는 단어만 들어가면 주가가 폭등했다는 뜻에서 붙은 이름이다.

11 17세기 네덜란드에서 있었던 경제버블. 튤립 한 송이의 가격이 폭등했다가 순식간에 버블이 꺼지며 제자리로 돌아온 사건이다. 튤립 알뿌리 하나의 가치가 한 달 사이 수천 퍼센트씩 폭등하여 소 4마리의 가치를 가졌다가 머지않아 튤립 가격이 99% 하락한 역대 최악의 금융 위기 중 하나

세 개의 기술이 하나로 모여서

메타버스라는 기술이나 현상은 둘째 치고, 메타버스 속 세상에 대해서만 생각해 봅시다. 메타버스라는 이상이 준수한 기술력을 만나 우리 눈앞에 펼쳐지게 된다면 우리의 삶은 상당 부분이 가상 세계 속으로 옮겨갈 것입니다. 그런데 가상 세계 속의 물건에는 어떤 가치가 있을까요?

온라인 게임 아이템이 수천만 원에 거래되며, 관련 소송이 제기되어 대법원까지 올라간 적이 있다는 사실을 아시나요? 당시 대법원은 가상 세계의 물건일지라도 그 물건을 획득하기까지 상당한 수준의 노력이 필요하다면, 그것을 재산으로 인정할 수 있다는 취지의 판결[12]을 했습니다.

이 논리를 확장하면, 메타버스 세상 속에서 시간을 들여 뜨개질로 만든 목도리는 재산으로 인정받을 수 있는 것 아닐까요? 메타버스 세상 속에서 목도리를 팔아 사이버 머니를 획득할 수 있다면 사이버 머니도 재산으로 인정하는 것이 마땅하고요.

사이버 머니로 가상의 부동산을 취득할 수 있다면 가상의 부동산 역시 재산으로 인정될 것입니다. 이 모든 것이 상당한 수준의 노력을 재산의 근거로 보는 대법원 판례의 논지 위에서 일어나는 논리입니다.

메타버스 세상에서 몇 년씩 노력해서 마련한 집을 재산으로 인정하자는 주장은 타당해 보이긴 합니다. 하지만 문제가 있습니다. 메타버스 세상의 물건은 데이터이므로, 플랫폼의 운영사가 마음껏 복사하거나 새로 발행할 수 있습니다.

----

12 대법원 2009.12.24. 2009도7237

플랫폼 운영사가 메타버스 세상에서 사용할 수 있는 사이버 머니를 무한정 찍어내면 어떻게 될까요? 사이버 머니로는 목도리를 구매할 수 있을 것입니다. 그 목도리는 누군가가 메타버스 세상에서 뜨개질이라는 노력과 시간을 투자하여 제작한 물건이므로, 재산이라 할 수 있겠죠. 그렇다면 사이버 머니도 재산일 텐데, 어라? 운영사가 재산을 무한정 생산할 수 있네요?

결국 국가 이외의 존재가 현금을 무한정 발행할 권리를 보유하는 것과 마찬가지 결과가 발생합니다. 필연적으로 제약이 가해질 것이며, 규제가 적용되겠죠. 메타버스 세상이 도래하면 가상 공간 속의 재산과 관련된 소송과 분쟁이 끊임없이 일어날 것입니다. 그런데 이 문제를 해결할 수 있는 주효한 수단으로 블록체인이 대두되었습니다.

현실의 물건은 시간적, 공간적으로 유한하기 때문에 이런 걱정이 없습니다. 가상 세계의 데이터는 얼마든지 복제할 수 있으므로 유한하지 않습니다. 그런데 만약 가상의 데이터에 주민등록번호와 같이 위조가 불가능한 태그가 부착되고, 복제도 불가능하다면 어떻게 될까요? 아마 복제가 가능한 다른 데이터와 달리, 매우 가치 있는 존재로 인정받을 수 있지 않을까요?

블록체인에서 파생된 기술인 NFT가 이를 실현했습니다. NFT에 대한 상세한 정보는 뒤에서 차차 다뤄보도록 하겠습니다.

NFT 기술은 가상 공간의 데이터에 유일성과 유한성을 부여하여 마치 실물 세계의 자산과 같은 희소성을 부여합니다. 그뿐만 아니라, 현실 세계의 예술 작품을 가상 세계로 연결해주는 교두보 역할까지도 수행하고 있습니다.

예를 들어 현실 세계에서 모나리자 그림을 스캔한 다음, 스캔된 데이터를 메타버스 세상에 올리고, 스캔된 그림 데이터에 NFT 기술을 적용하여 유일성을 부여한다면? 모든 가상 세계를 통틀어 단 한 점밖에 없는 가상 모나리자 그림이 탄생하겠지요. 이렇게 만들어진 가상 모나리자 그림은 메타버스 세상 속에서 몹시도 비싼 가격을 인정받을 것입니다.

메타버스가 불러올 가상 세계의 자산은 NFT라는 기술 때문에 펀더멘털을 인정받을 것입니다. 또한 현실의 자산이 가상 세계로 옮겨가게 될 것이며, 현실 세계의 부가 가상 세계로까지 연결되는 결과로 이어질 것입니다. NFT 기술은 블록체인을 통해 구현되므로, 결과적으로 메타버스와 블록체인은 떼려야 뗄 수 없는 사이가 될 것입니다.

자, 이제 비트코인이 불러온 나비효과에 대해 조금씩 살펴보도록 하겠습니다. 비트코인에서 출발하여 메타버스 세상에 대해 훑어보고, 디지털 세상의 강력한 펀더멘털 부여 수단인 NFT에 대해서 살펴볼 것입니다. 그리고 이 책의 후반부에서는 NFT와 가상화폐를 활용한 수익 창출 자동화에 도전해볼 것입니다.

미래를 정확하게 꿰뚫어 보는 것은 불가능합니다. 하지만 모두가 불확실성 속에서 허우적대고 있을 때, 남들보다 약간 빠르게 움직여 조금의 이득을 취하는 것은 어렵지 않은 일입니다. 남들이 확신을 갖고 행동하기 전에 조금만 더 빠르게 움직여봅시다.

PART

2

블록체인과 암호화폐

CHAPTER 2

비트코인 탄생의 경제적 배경

현상을 이해하기 위하여

여기 한때 영웅으로 불리던 사나이가 있습니다. 그는 퇴직 직전, 한 방에 5,330억 원을 벌었습니다. 그리고 그는 얼마 뒤 타임지와 CNN 등의 언론사로부터 '사상 최악의 CEO'로 선정되는 불명예를 떠안았습니다.

리처드 펄드 주니어

2008년, 사상 최악의 경제 위기인 서브프라임 모기지 사태가 발생합니다. 리처드 펄드 주니어Richard S. Fuld, Jr.는 당시 리먼 브라더스의 CEO였습니다. 리먼 브라더스의 책임이 얼마나 컸으면 서브프라임 모기지 사태라는 용어보다 리먼 브라더스 사태라는 용어가 더욱 친숙하고 널리 사용되고 있을 정도입니다. 그만큼 경제 위기 사태에 일정 부분 책임이 있는 사람입니다.

리먼 사태 이후 수억 명의 일상이 무너졌습니다. 문자 그대로 집에서 쫓겨나 길거리로 나앉게 된 사람들이 많았습니다. 곳곳에서 가정이 파괴되고 기업은 폐업했으며, 아이들은 먹을 음식이 없어서 학교 급식으로 나온 케첩을 집에 싸 와 끓는 물에 넣어 수프를 만들어 먹으며 허기를 달랬습니다.

직장이 사라지며 일자리 역시 함께 사라져버렸습니다. 구직 공고의 경쟁률은 수백 대 일까지 올라갔습니다. 신입 채용 공고에 팀장급 경력직들이 대거 지원했습니다. 이전 직장 대비 연봉을 반으로 깎으면서까지요. 그만큼 많은 사람의 삶이 어려워졌습니다.

그 와중에 리처드는 폐업 직전 자신이 보유한 리먼 브라더스의 주식을 팔아치워 5,100억 원을 벌었고, 퇴직금으로 230억 원을 추가로 받았습니다. 많은 사람의 공분을 살 만한 일입니다.

그로부터 한 달 뒤, 비트코인이 세상에 등장합니다. 리먼 사태와 관련된 분노의 목소리를 담아서 말입니다. 어떤 비유적인 표현이 아니라, 정말로 비트코인에는 문자 그대로 비판의 메시지가 담겨 있습니다. 이에 대해서는 조금 뒤에 다뤄 보도록 하겠습니다.

비트코인은 무척이나 공교로운 시점에 발행되었습니다. 그것도 신용화폐를 운영하는 대부분의 자본주의 화폐 체제를 전면으로 부정하고, 방만한 금융 정책을 비판하는 메시지를 직접적으로 언급하면서 말입니다.

비트코인이 국내에도 널리 알려지며 투기 광풍이 일어나기 시작한 것은 이로부터 7년가량이 지난 뒤입니다. 2015년 무렵 처음 뉴스를 통해 비트코인 투기를 접한 분들은 새로운 사행성 상품이 무척이나 갑작스럽게 튀어나온 것처럼 느껴졌을지도 모릅니다.

비트코인은 신용화폐의 반대 개념으로 제안된 것이므로, 비트코인을 이해하려면 신용화폐가 무엇인지 이해할 필요가 있습니다. 그러므로 우선 신용화폐 시스템을 채택한 대부분 국가에서 화폐가 어떻게 발행되고 있는지 알아보도록 하겠습니다. 이어 신용화폐 시스템이 실패한 통화정책과 맞물리면 어떤 형태의 생지옥이 펼쳐질 수 있는지 차근차근 살펴보겠습니다.

중앙은행 – 중앙화된 화폐 발행 체계

중앙화된 화폐 발행 체계란 화폐의 발행량과 유통량, 그리고 소각량[1]을 하나의 거대한 기관(중앙은행)이 통제하는 시스템을 의미합니다. 중앙은행은 불, 바퀴와 함께 인류 역사상 가장 위대한 발명품 중 하나로 거

---

1 화폐를 소멸시키는 행위

론되기도 하는 시스템입니다. 우리에게 가장 익숙한 예시로는 대한민국의 화폐인 원화₩가 있으며, 원화를 관장하는 중앙은행은 한국은행입니다.

중앙은행은 경제상황에 맞추어 다양한 정책을 펼치며 시중의 통화량을 조절합니다. 중앙은행의 여러 가지 주요 기능 중 비트코인의 탄생 계기를 이해하기 위하여 필요한 몇 가지만 알아보겠습니다.

공개시장운영

공개시장운영은 중앙은행이 국채[2]나 공채[3] 등의 유가증권[4]을 매매하여 시중의 통화량을 조절하는 행위입니다.

국채는 국가가 현금이 필요할 때 발행하는 일종의 '빚문서'입니다. 국가는 국채를 발행하면서 "XX년 뒤에, 연이율 XX%를 적용하여 이 돈을 갚겠습니다."라고 약속합니다. 일반인에게 돈을 빌려주는 것보다 국가에 돈을 빌려주는 편이 돈을 돌려받을 확률이 더욱 높아지므로, 사람들은 안정적인 수익을 기대하면서 국가에 돈을 빌려줍니다. 다른 말로, 국채를 구매하는 것입니다.

---

2 국가가 돈을 빌리기 위해 발행하는 채권. 국가로부터 돈과 이자를 받을 권리를 의미한다.
3 중앙정부와 지자체를 제외한 공공기관이 돈을 빌리기 위하여 발행하는 채권. 공공기관으로부터 돈과 이자를 받을 권리를 의미한다.
4 재산적 가치가 있는 증권이라는 뜻으로, 현금 또는 현금으로 교환 가능한 상품권, 주식, 채권 등을 의미한다.

국가가 돈이 부족해진 상황에서 정부는 국채를 발행하고 이 국채를 시중은행이 구매[5]합니다. 정부는 시중은행으로부터 현금을 확보하게 되고, 이 현금을 시장에 지출합니다.

중앙은행은 시중은행으로부터 국채를 구매하기도 합니다. 이 과정에서 중앙은행이 가진 신권 지폐들이 시중은행으로 이동합니다. 결국 국가의 이름으로 돈을 빌리는 빚문서인 국채 위에서 새로운 화폐가 생산되는 것입니다. 국가의 신용(대출)이 화폐 생산의 바탕이 된다는 뜻에서 이와 같은 화폐 체계를 '신용화폐 시스템'이라고 부릅니다.

기준금리 조정

기준금리 조정은 서민들의 일상에 가장 빠른 속도로 스며들어, 우리를 웃고 울게 만드는 행위입니다.

기준금리는 중앙은행이 발행하는 초단기 채권[6]의 금리를 의미합니다. 시중은행의 입장에서 기준금리란 확정적으로 얻을 수 있는 기대수익입니다. 중앙은행의 채권을 구매하면 단기간에 확정적으로 기준금리만큼의 이득을 볼 수 있습니다.

---

5 대한민국의 경우 국민연금공단이 거의 대부분 매수. 대한민국 정부채 중 95%가량을 국민연금공단이 소유하고 있다.

6 매우 짧은 기간 안에 돈을 갚기로 약속하고 발행하는 채권. 기준금리의 기준이 되는 초단기채의 상환기간은 미국의 경우 24시간, 한국의 경우 7일이다.

그렇다면 은행이 민간에 대출을 시행하여 이득을 보려면, 기준금리보다 높은 이자로 대출해줘야만 합니다. 기준금리와 비슷하거나 더 낮은 이자로 대출을 줄 바에야 중앙은행의 채권을 구매하는 편이 훨씬 이득이니까요.

따라서 중앙은행이 기준금리를 조정하면 시중은행의 대출 이율이 연쇄적으로 영향을 받게 됩니다. 기준금리가 낮아지면 시중금리가 낮아지며 대출이 쉬워져 민간에 돈이 많이 풀리고(통화량 상승), 기준금리가 올라가면 시중금리가 올라가며 대출받으려는 수요가 줄어들고, 빨리 대출을 갚으려는 분위기가 조성되면서 민간에 돈이 풀리는 속도가 줄어들거나 오히려 민간의 돈을 회수할 수 있습니다(통화량 감소).

준재정활동(quasi-fiscal activities)

준재정활동은 중앙은행과 같은 공기업이 수행하는 활동 가운데, 정부 정책의 성격이 강한 활동을 의미합니다. 정부가 재정활동[7]으로 지출했어야 할 돈을 중앙은행이 대신 집행한다는 부분에서 중앙은행이 보유한 현금이 시장으로 유출되어 통화량이 필요 이상으로 증가합니다.

망해가는 기업을 살리기 위하여 중앙은행이 막대한 자금을 제공하는 구제금융제도가 준재정활동의 대표적인 사례입니다. 준재정활동은 바람직한 행위는 아니지만 경제적인 파급력이 크기 때문에 많은 국가가 포기하지 못하는 행위이기도 합니다.

---

7 정부가 세금을 거둬들이거나 세금을 지출하는 행위

비트코인의 개발자는 직접적으로 준재정활동의 일종인 구제금융을 비판했습니다. 어쩌면 정부의 입김이 닿은 준재정활동이야말로 비트코인이 탄생하도록 몰아붙인 존재일지도 모르니 기억해 두기를 바랍니다.

중앙은행은 이 외에도 다양한 경제정책들을 펼치며 경제상황에 따라 시중의 통화량을 조절합니다. 물가가 너무 오르면 통화 유통량을 줄여 물가를 안정시키고, 반대로 경제가 침체할 위기에 빠지면 통화량을 늘려 국민의 숨통을 열어 줍니다.

중앙은행이 통화량을 마음대로 조절할 수 있다는 이야기는, 중앙은행이 신뢰와 양심을 잃어버리는 순간 경제체계가 붕괴할 수도 있다는 이야기입니다. 그런데 말이죠. 세계에서 가장 큰 중앙은행인 미국 연방준비제도가 신뢰를 잃어버리는 대사건이 있었습니다.

중앙은행의 실패 – 금리를 내렸을 뿐인데

2001년, 미국 연방준비제도(이하 연준)[8]는 닷컴버블과 계속되는 전쟁[9]으로 위축된 경제를 되살리기 위하여 통화량 증가를 꾀했습니다. 연준은 통화량 증가를 위하여 공격적으로 금리를 인하했습니다. 2000년 8월 기준 6.51%였던 미국의 기준금리는 2003년 말 0.98%까지 떨어졌습니다.

---

8 미국의 중앙은행
9 아프간 전쟁과 이라크 전쟁

금리가 내려가면 대출이 활발하게 일어나고, 현금이 시중에 많이 풀리면서 경제가 활성화됩니다. 코로나 팬데믹 시점의 대한민국의 모습을 생각해보면 납득이 될 것입니다. 부작용으로는 집값이 폭등할 수 있습니다.

집값 폭등과 버블의 폭파가 바로 이번 사건의 주역이었습니다.

대출 증가와 누군가의 잔머리

금리도 저렴하겠다, A라는 사람이 큰마음 먹고 내 집 마련을 위해 은행으로부터 3억 원을 빌려 집을 구매합니다. 집에는 저당권을 설정합니다. 은행은 [A로부터 3억 원과 이자를 받기로 했음] 이라는 채권을 갖게 됩니다. 이것이 우리가 알고 있는 일반적인 주택담보대출입니다.

미국 최고의 엘리트 집단인 미국 은행권에서는 이자수익에 만족하지 못하고, 대출의 저당권을 담보로 새로운 채권을 발행하여 판매하기에 이르렀습니다. 이처럼 이미 존재하는 권리로부터 새롭게 파생된 상품을 파생상품이라고 부릅니다.

주택담보대출

은행이 가진 저당권은 이와 같은 문장이 적힌 상품권이라 생각해도 좋습니다. 은행은 이 상품권을 담보로 하는 채권을 발급합니다.

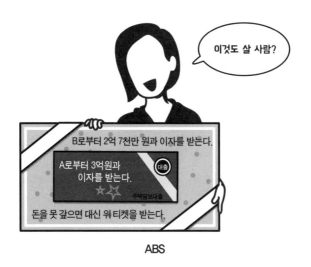

ABS

은행은 이런 문구가 적힌 채권을 발급합니다. 그리고 이 채권을 2억 7천만 원가량에 판매합니다. 3억 원보다 낮게 가격이 책정된 이유는 A 가 돈을 못 갚을 리스크도 있으며, 가격을 저렴하게 책정하여 빠르게 채권을 판매하면 당장 현금이 생기기 때문입니다.

구매자 입장에서는 2억 7천만 원을 투자하여 3억 원을 받을 수 있으므로 3천만 원 이득입니다. 많은 사람이 은행이 돈을 갚지 않을 리가 없다고 굳게 믿었으므로 이득이라 생각하여 은행이 발행한 채권을 열심히 구매합니다.

은행은 담보대출 채권 여러 개를 한데 모아, 고객의 위험도에 따라 등급을 나눴습니다. 그리고 등급별로 대출 건들을 묶어 커다란 파생상품을 만들어 판매했습니다. 이러한 파생상품을 자산 유동화 증권ABS, Asset-Backed Securities이라고 부릅니다. 말 그대로 자산을 유동화하는 기능을 수행하는 파생상품의 일종으로, 은행의 자산인 대출금 채권을 현금화(유동화)시킨다고 하여 이런 이름이 붙었습니다.

은행 입장에서는 돈을 일반인에게 대출해 주고, 저당권을 ABS로 팔아 또다시 현금을 손에 쥐게 됩니다. 그리고 이 현금을 또다시 대출해 주고 ABS로 판매하면? 현금이 또 들어오겠지요? 대출 한 번으로 돈을 몇 바퀴나 돌릴 수 있는지 계산조차 힘듭니다.

문자 그대로 현실 세계에서 작동하는 돈 복사 버그 그 자체입니다. 여기까지가 연준의 금리 인하가 불러온 나비효과입니다.

이 좋은 걸 왜 안 해요?

은행이 ABS를 활용하여 열심히 돈을 복사했지만, ABS의 판매 속도에도 한계가 있기 때문에 대출 수요를 감당할 수 없었습니다.

여기서 미국 은행들은 한 번 더 창의력을 발휘하여 부채 담보부 증권CDO, Collateralize Debt Obligation이라는 신제품을 출시합니다. 의미를 그대로 풀어보자면 빚을 담보로 하는 증권상품이라는 의미로, 여기에서 대출빚 담보는 ABS를 의미합니다. 즉, CDO는 ABS에서 한 번 더 파생된 상품입니다. 은행에서는 단일 ABS로는 판매 가치가 낮고, 부도 위험은 높은 채권들을 한데 묶어 CDO를 만들었습니다.

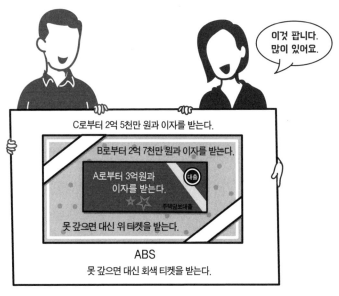

이들의 논리는 간단했습니다.

> 한 지역, 한두 사람의 저신용 대출이 부도가 날 가능성은 높지만 전국 각지에서 긁어모은 수천 개의 대출이 동시에 부도가 날 가능성은 낮으므로 CDO는 리스크가 상쇄된 안전한 상품이다.

게다가 신용도가 높은 대출 건들을 살짝 섞으면 겉보기에는 평균 리스크가 낮아 보이도록 포장하기도 쉬웠습니다. 부실채권을 묶어뒀더니 안정성 A등급의 새로운 금융상품이 탄생하는 것입니다. 그야말로 연금술이죠.

음식물 쓰레기(저신용 채권)를 모은 다음 멀쩡한 식자재(우수 신용 채권)를 약간 섞어놨더니 사람들이 줄 서서 사 먹는 맛집이 되어버린 격입니다. 이 좋은 걸 왜 안 할까요? 모두가 혈안이 되어 CDO를 출시했습니다.

호황기에 CDO의 연수익률은 40%에 육박했습니다. 미국뿐 아니라 전 세계 증권사들이 열광했음은 불 보듯 뻔했고요. ABS만 해도 돈 복사에 가까운 행위였습니다만, CDO는 ABS를 묶어서 다시 한번 판매하는 것이므로 정말로 허공에서 무한정의 돈을 쓸어 담았습니다.

인간의 욕심은 끝이 없고

은행은 CDO로 돈맛을 보자 더 많은 CDO를 출시하기 위하여 더 많은 고위험 ABS를 양산했습니다. CDO의 높은 수익률은 고위험 ABS에 기반하고 있었기 때문입니다. 저신용자에게 대출해 줄수록 돈이 복사되는 마법과도 같은 상황입니다.

하지만 어느샌가 집을 구매하기 위해 새로운 대출을 받으려는 고객이 줄어들며 은행은 더 이상 정상적인 대출 심사로는 고위험 ABS를 창출하기 어려운 상황이 되었습니다.

그러자 은행들은 대출금을 갚을 능력이 없는 서브프라임 등급 고객들을 대상으로도 대출을 마구잡이로 승인해주기 시작했습니다. 한국으로 치면 신용불량자를 상대로 수억 원의 신규대출이 무더기로 승인된 상황입니다.

은행은 점차 대출요건을 완화하다가 급기야 NINA<small>No Income, No Asset</small> 대출을 실시하기에 이르렀습니다. 재산도, 수입도 없는 사람도 신청만 하면 대출을 받을 수 있었다는 이야기입니다. 노숙자도 신청만 하면 주택 구매 자금으로 10억이든 20억이든 대출이 나왔습니다. 누구나 집을 쉽게 살 수 있는 상황이 되면서 집값은 폭등했고요.

심지어 실존 인물이 아닌 사람 앞으로도 대출이 나왔습니다. 오하이오주에서는 사망자 명의로 대출 23건이 승인된 바 있으며, 애완견 명의로도 대출이 나왔다는 이야기도 있습니다.

그뿐만 아니라 집값의 100%를 초과하는 대출도 쉽게 나왔습니다. 현재 집의 가치가 10억이라면, "조만간 이 집값은 10억보다 더 오를 테니 10억보다 더 큰돈을 대출해 주십쇼."라는 주장을 하는 고객이 있었고 은행에서도 이걸 받아들였다는 이야기입니다.

덕분에 은행은 점점 더 신용불량자 대출 건을 늘려나갔고, CDO를 열심히 출시하여 더 큰돈을 벌게 되었습니다.

Party is over. 예견된 재앙

은행은 돈 앞에 도덕성을 잃어버렸고, 사람들은 벼락 거지가 되지 않으려고 주택 구입에 열을 올렸으며, 증권사는 CDO의 수익률에 눈이 돌아가 버렸습니다. 정권은 내 집 마련이 쉬워지고 집값도 오르니 지지율이 오를 것으로 생각하며 좋아하고 있었고요.

시중의 통화량은 거의 무한정 증가했습니다. 이 추세가 영원히 지속되었다면 미국의 집값은 영원히 폭등하며, 현금가치는 영원히 폭락하고, CDO의 수익률은 영원토록 아찔하리만치 높았을 것입니다.

하지만 현금은 무한하지 않았습니다. 어느 순간부터 CDO를 대규모로 구입하며 현금을 추가로 공급할 만한 주체가 사라져버렸습니다. 전 세계 증권사가 이미 CDO에 돈을 다 써버렸거든요.

시중에 풀리던 현금의 양이 더는 증가하지 않는다는 말은 자산가치의 상승이 멈춘다는 이야기입니다. 즉, 어느 시점에 이르러 더는 집값이 높아지지 않았다는 이야기입니다. 파티가 끝났습니다.

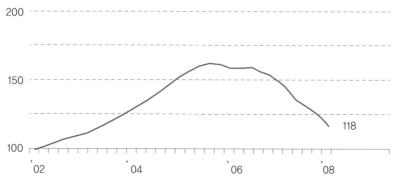

2002년~2008년 사이의 미국 집값 변동 추이(2002년의 집값을 100으로 산정)

당시 서브프라임 등급 고객의 대출 이자는 복리 12~20%가량이었습니다. 매월 나가는 이자는 일정한데 집값은 급속도로 떨어지는 상황입니다. 그 말인즉슨, 집을 다시 팔아치우더라도 대출을 갚을 수 없는 상황이 올 수밖에 없었다는 이야기입니다.

서브프라임 등급 고객들은 애초에 돈을 갚을 경제적 능력이 부족한 사람들이므로 당연히 연 복리 20%의 대출이자를 감당할 수 없었습니다. 그 결과 전국의 서브프라임 등급 채무자들이 파산했습니다.

CDO는 '전국 각지의 모든 저신용자가 동시에 부도날 리가 없으므로 리스크가 낮다'라는 전제하에 로우 리스크로 평가받던 파생상품입니다. 그런데 전국 각지의 모든 저신용자가 동시에 부도가 나버렸네요.

결국 ABS와 CDO는 한순간에 휴지 조각이 되어버렸습니다. 시장에서 더 큰 현금이 빠져나가면서 집값은 더 빠르게 내려갔습니다. 악순환의 연속이었습니다. 이 사건을 서브프라임 모기지 사태라고 부릅니다. 서브프라임 등급 고객[10]에게 모기지론(주택담보대출)을 무리하게 퍼주다가 생긴 사태이니 말입니다.

더는 중앙화된 화폐 체계를 신뢰할 수 없다

대부분 자산을 CDO와 ABS에 투자했던 증권사와 은행도 파산 위기에 처했습니다. 2008년 9월 14일, 세계 4위 규모의 금융사인 리먼 브라더스 역시 파산합니다. 이날로부터 전 세계 경제가 망가진 대침체, 즉 리먼 브라더스 사태가 시작되었습니다.

그리고 미국 최대 규모의 금융회사인 AIG 역시 파산 위기에 처합니다만, 연준이 대마불사大馬不死[11]를 이유로 9월 16일 대규모의 구제금융 지원을 결정합니다. 리먼 브라더스가 신청한 구제금융은 거부했으면서 이틀

---

10 저신용자

11 규모가 큰 기업이나 기관이 파산하면 연쇄적으로 수많은 경제 주체들이 타격을 입게 되므로 정부가 앞장서서 구제해야 한다는 뜻의 경제학 용어이다.

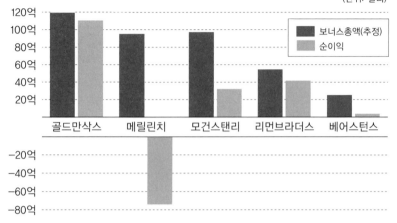

(단위: 달러)

2007년 당시 월스트리트 투자은행의 보너스 규모

만에 AIG의 구제금융만 승인한 것을 두고도 이야기가 많았습니다.

이후 미국 금융시장에 대한 불신은 역대 최고조에 달해 미국 증시가 폭락했습니다. 그 뒤에 벌어진 전 세계적인 경제적 타격에 집중하기보다는, 당시의 여론에 대해서 조금 더 알아보겠습니다.

미국 국민과 전 세계의 국가들이 경제적으로 회생 불가능한 수준의 타격을 입는 동안, 금융사의 CEO와 임직원들은 20조~120조 원가량의 보너스를 받아갔습니다.

이는 여론에 불을 붙이기에 충분했습니다. 그렇게 국민들의 반감이 쌓여가던 와중에 대마불사를 이유로 리먼 사태의 주축이었던 AIG에 구제금융을 지원하겠다는 연준의 발표는 피해자들 입장에서는 그야말로 폭거와도 다름없었을 것입니다.

48   PART 2   블록체인과 암호화폐

「맥킨지Mackenzie, George A.」에 따르면 구제금융은 준재정활동으로, 중앙은행이 해야 할 역할이 아닙니다. 그런데도 미국 연방준비제도는 구제금융을 실시하여 AIG를 살려내고야 말았습니다.

구제금융은 국민의 세금을 기업에 사적으로 제공하는 행위이므로 국민의 신뢰를 배신하는 행위입니다. 그 와중에 리먼 브라더스는 파산하도록 두면서 AIG에는 구제금융을 제공한 행위는, 마치 '연준 의회에 연줄이 있거나 로비를 한 기업에 세금을 퍼 준 것은 아닌가?'하는 의혹마저 불러왔습니다.

그로부터 한 달이 지난 2008년 10월 31일, 사토시 나카모토라는 인물이 〈Bitcoin: A peer-to-peer electronic cash system〉이라는 제목의 논문을 한 편 공개합니다. 네, 비트코인의 등장입니다.

이 논문에서 사토시는 중앙화된 화폐 발행 및 유통체계를 비판하며 기존 체계의 문제점들을 해결할 수 있는 솔루션으로 비트코인을 제안했습니다. 또한 중앙화된 화폐 체계에 대한 대안으로 탈중앙화decentralized된 화폐 발행 및 결제 시스템인 블록체인 기술을 공개했습니다. 상세한 내용은 조금 뒤에 다뤄 보도록 하겠습니다.

그리고 두 달 뒤인 2009년 1월 3일, 사토시 나카모토는 비트코인 개발을 완료하고 최초의 비트코인 블록을 생성해냅니다. 이 기념비적인 블록을 제네시스 블록genesis block이라고도 부릅니다.

제네시스 블록에는 아래와 같은 암호문이 기재되어 있습니다.

04ffff001d0104455468652054696d65732030332f4a616e2f32303039204368616e6
3656c6c6f72206f6e206272696e6b206f66207365636f6e64206261696c6f7574206
66f722062616e6b73

이 암호문은 16진수로 인코딩된 영어 문장입니다. 이 문장을 해독하면 아래와 같은 문구가 도출됩니다.

ÿÿETHey Times 03/Jan/2009 Chancellor on brink of second bailout for banks

맨 앞 3개의 문자를 제외하면 해독된 암호문은 아래 문장이 됩니다.

The Times 03/Jan/2009 Chancellor on brink of second bailout for banks

위 문장은 타임지에 1월 3일자로 발표된 뉴스 기사를 의미합니다. 해당 기사의 제목은 "Chancellor on brink of second bailout for banks"입니다. 이를 직역하면 "또다시 은행들에게 구제금융을 제공할 위기에 처한 (재무부) 장관"이라는 의미입니다.

사토시 나카모토가 굳이 비트코인이라는 거대한 현상의 출발점에 해당하는, 최초의 비트코인 블록에 위 문장을 기재하여 전 세계에 공개한 이유가 무엇일까요? 더군다나 이 메시지는 한 번 작성된 이후에는 그대로 역사에 남아 영원히 수정이 불가능한데 말입니다.

Chancellor on brink of second bailout for banks

Billions may be needed as lending squeeze tightens

Francis Elliott Deputy Political Editor
Gary Duncan Economics Editor

Alistair Darling has been forced to consider a second bailout for banks as the lending drought worsens.

The Chancellor will decide within weeks whether to pump billions more into the economy as evidence mounts that the £37billion part-nationalisation last year has failed to keep credit flowing. Options include cash injections, offering banks cheaper state guarantees to raise money privately or buying up "toxic assets", The Times has learnt.

The Bank of England revealed yester-

day that, despite intense pressure, the banks curbed lending in the final quarter of last year and plan even tighter restrictions in the coming months. Its findings will alarm the Treasury.

The Bank is expected to take yet more aggressive action this week by cutting the base rate from its current level of 2 per cent. Doing so would reduce the cost of borrowing but have little effect on the availability of loans.

Whitehall sources said that ministers planned to "keep the banks on the boil" but accepted that they need more help to restore lending levels. Formally, the Treasury plans to focus

on state-backed gurantees to encourage private finance, but a number of interventions are on the table, including further injections of taxpayers' cash.

Under one option, a "bad bank" would be created to dispose of bad

99p

Pub chain cuts the price of a pint from £1.69 to 1989 levels
Business, page 47

debts. The Treasury would take bad loans off the hands of troubled banks, perhaps swapping them for government bonds. The toxic assets, blamed for poisoning the financial system, would be parked in a state vehicle or 'bad bank' that would manage them and attempt to dispose of them while "detoxifying" the mainstream banking system.

The idea would mirror the initial proposal by Henry Paulson, the US Treasury Secretary, to underpin the American banking system by buying

Continued on page 6, col 1
Leading article, page 2

작가가 생각하기에는 비트코인의 창시자인 사토시 나카모토가 중앙은행의 준재정활동인 구제금융정책을 꼬집으며 "중앙은행은 더 이상 신뢰할 수 없는 존재입니다."라는 메시지를 전하고 싶었던 것이며, "비트코인이야말로 그 대안입니다."라고 주장하고 싶었던 것이라 생각합니다. 마찬가지 이유로 작가는 사토시 나카모토가 비트코인을 개발한 이유가 리먼 사태 때문이라는 주장을 가장 신뢰합니다.

만약 정말로 사토시 나카모토가 서브프라임 모기지 사태를 겪으며 회의감과 분노를 느껴 비트코인을 발명한 것이라 생각하면 기분이 묘해집니다. 금융계가 낳은 비트코인이 다시 금융계의 멱살을 잡고 흔드는 것 같은 모습을 보는 것 같아서요.

여기까지가 비트코인 탄생의 경제적 배경입니다. 비트코인이 무슨 이유로 생겼는지, 무엇에 반대하며 만들어진 개념인지 이해하려면 지금까지 살펴본 경제적 현상을 정반대로 뒤집어 생각해 보면 되겠습니다.

CHAPTER 3

비트코인이 혁신인 이유

중앙화된 화폐 발행 시스템의 장단점

현실 세계의 중앙은행은 화폐의 발행과 소각, 그리고 유통량까지도 통제할 수 있습니다. 이와 같이 중앙기관이 화폐의 발행 권한을 독점하는 체계를 중앙화된 화폐 체계centralized currency system라고 부릅니다.

중앙화된 화폐 발행 체계를 채택할 경우 시중에 유통되는 화폐의 양을 통제하기가 쉬워 급격한 경제위기를 회피하며 경제 활성화를 도모할

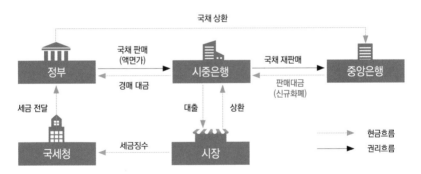

너무 복잡한 현대의 화폐 발행 체계

수 있으며, 동일한 업체가 화폐를 계속하여 생산하므로 위조 화폐 구분이 쉬워집니다.

앞의 그림은 현대의 화폐 발행 체계를 도식화한 것이며, 자본주의를 채택한 거의 모든 국가에서 시행 중인 프로세스입니다. 매우 복잡한 구조입니다. 이를 모두 이해할 필요는 없습니다. 심지어 일반인들이 이를 이해하지 못하도록 권력자들이 일부러 어렵게 설계했다는 음모론도 있을 정도이니 말입니다.

화폐 발행 제도가 이렇게 복잡해진 까닭은 금본위제[1]를 폐지하고 화폐에 새로운 가치를 부여하기 위함입니다. 전통적인 화폐 가치인 '화폐를 황금과 교환할 권리'를 벗어나, 화폐를 발행한 국가의 신용이 화폐의 가치를 지탱하게 하려다 보니 위와 같이 여러 경제 주체들이 얽히게 된 것입니다.

중앙은행 제도의 장단점은 모두 위와 같은 복잡한 구조에서부터 출발합니다. 정부와 중앙은행이 분리되어 소수 권력자의 횡포를 견제할 수 있고, 동시에 직접 화폐를 지급하는 것이 아니라 은행을 한 단계 거치면서 경제의 건전성이 올라갑니다. 대출금 대부분은 새로운 자산을 취득하거나 사업을 영위하려는 사람에게 돌아가기 때문에 결국 대출 규모 증가는 GDP 성장 동력이 되어 국가의 경제 성장으로 이어집니다. 이 혜

---

1 화폐를 일정량의 황금과 교환해 주는 제도로 황금의 희소가치로써 현금의 가치를 지탱하기 위하여 고안된 제도. 국가가 보유한 황금의 양은 한계가 있으므로 GDP가 성장할수록, 혹은 화폐가 외국으로 유출될수록 국내에 유통되는 통화량이 감소하여 경기가 침체될 가능성이 있다.

택은 민간이 누리게 되고요.

뿐만 아니라 시장이 흔들리더라도 은행이 굳건하면 비교적 빠르게 경제위기를 극복할 수 있으며, 중앙은행의 적극적인 개입은 경제위기 탈출을 더욱 가속할 수도 있습니다. 구조가 복잡한 만큼 지구력이 좋은 것입니다.

앞의 그림에서 우리가 주목할 부분은 다음과 같습니다.

> 화폐를 새로 발행하면 할수록
> (ㄱ) 시중은행과 중앙은행이 이득을 본다.
> (ㄴ) 정부는 손해를 보며 국채를 발행한다.
> (ㄷ) 국채는 세금으로 갚으므로, 그 손해는 국민이 세금으로 메우는 것이다.

현물 지폐가 가치 있는 이유는 중앙은행이 그 지폐의 가치를 인정하기 때문입니다. 가치를 인정하는 수단은 바로 국채 매입이고요. 따라서 화폐란 중앙은행이 국채를 구매하며 발행한 영수증입니다. 그리고 국채란 국가의 신용이라 볼 수도 있습니다. 결과적으로 화폐의 의미가 국가의 신용과 같아지므로 화폐에 가치가 발생하는 것입니다.

위의 (ㄷ)을 살펴보겠습니다. 신권을 발행하면 발행할수록 국민이 손해를 부담하는 구조입니다. 그 이유가 무엇일까요? 여기에 대한 정부의 논리는 이러합니다.

> 국가부채의 증가보다 더 빠른 속도로 경제가 성장하면 결과적으로 모두에게 이익이다.

빛이 늘어나는 속도보다 경제 성장 속도가 빠르다면 결과적으로 이득이 누적되므로 국민의 입장에서도 손해가 아니라는 주장입니다. 자본주의 사회에서 대출의 증가는 사업의 활성화로 이어지며, 이는 GDP 성장으로 이어지므로 이 논리 자체에는 문제가 없습니다. 하지만 아래 자료를 보면 생각이 조금 달라질 수도 있습니다.

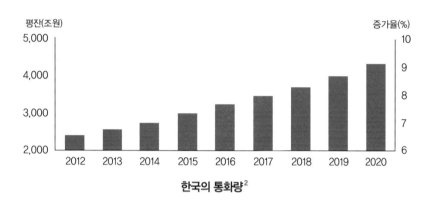

한국의 통화량[2]

위 그림은 한국은행에서 발표한 금융기관 유동성 그래프입니다. 쉽게 말해 대한민국의 통화량 변화 추이라고 봐도 무방합니다. 그래프가 높을수록 국내 시장에 유통되는 현금이 많다는 의미로 해석해도 좋습니다.

한국은행이 나름대로 정책을 꾸려 통화량을 통제한다고 하지만, 연평균 통화량 증가율은 7.62%입니다. 반면 같은 기간의 대한민국 경제성장률은 연평균 2.43%에 불과합니다. 화폐의 양이 늘어나는 속도에 비하여 경제발전 속도가 현저히 느립니다. 즉, 국민의 부담이 점점 늘고 있다

----

2 Lf 평잔 기준

는 의미입니다.

뿐만 아니라 경제규모에 비하여 화폐의 양이 지나치게 많아 현금의 가치가 떨어지고, 그 부작용으로 집값 폭등이라는 현상까지 발생했습니다. 그 와중에도 은행은 이익을 보고 있지요. 이것이 현대의 중앙화된 화폐 발행 체계가 가진 모순입니다.

중앙화된 화폐 발행 체계의 특징

장점	갑작스러운 경제위기와 불황을 겪을 가능성 감소
단점	시스템 운영비용과 리스크를 국민이 세금으로 메움
가치	중앙은행이 채권매입을 통해 국가신용을 인정함으로써 가치가 생김
운영비용	국민의 세금

이를 잘 기억해 둔다면 비트코인을 조금 더 쉽게 이해할 수 있습니다. 비트코인은 이와 정반대되는 특징을 갖고 있기 때문입니다.

중앙화된 결제 증명 시스템의 장단점

화폐 발행 체계가 중앙화되면 자연스레 오프라인 거래에 신용도가 발생합니다. 지폐와 동전에는 위조방지를 위한 다양한 장치가 마련되어 있어서 일반인도 맨눈으로 진짜 지폐와 위조지폐를 어느 정도 구분할 수 있습니다. 따라서 지폐와 물건을 주고받으며 진행되는 오프라인 거래는 그 자체로 신용할 수 있는 행위가 되는 것입니다.

반면 온라인 거래는 조금 사정이 다릅니다. 점심식사로 든든한 국밥을 먹고 카드로 밥값을 결제하는 상황을 생각해 보겠습니다. 지갑에서 꺼낸 네모난 플라스틱판을 단말기에 삽입하는 것으로 결제가 완료되고 영수증까지 발행됩니다. 카드결제 결과로 우리의 돈이 사장님에게 전송될 것임을 어떻게 확신할 수 있을까요? 이는 카드사가 중앙에서 거래를 증명해 주기 때문에 가능한 일입니다.

만약 중앙에서 카드사가 거래를 관장하고 증명해 주지 않는다면 어떤 일이 일어날까요? 거래가 성사되지 않았음에도 손님이 거래가 성공했다고 주장하며 돈을 내지 않고 도망갈 수도 있을 것입니다. 반대로 사장님이 나쁜 마음을 먹고, 거래가 이미 성사되었음에도 몇 차례에 걸쳐 추가 결제를 집행해버릴 수도 있지요. 혹은 정상적인 거래를 체결하였음에도 추후에 결제를 내 마음대로 취소하여 대금을 회수할 수도 있을 것입니다.

중앙기관의 역할로 간편해진 신용거래

계좌이체 또한 마찬가지입니다. 송금이 완료되었음을 은행이 중앙에서 증명해 주기 때문에 우리는 안심하고 온라인 계좌이체를 통해 돈을 주고받는 것입니다. 만약 송금을 증언해 줄 중앙기관이 없다면 돈을 이체한 척 거짓말을 하거나, 마음대로 이체를 취소해 버릴 수도 있을 것입니다.

거래를 증명해 줄 중앙기관의 역량도 중요한 이슈입니다. 거래 속도를 예로 들어보겠습니다. 지금이야 IT 기술이 생활에 스며들어 온라인 통신을 활용한 실시간 거래가 자연스러워진 세상이지만, 예전에는 그렇지 않았습니다. 80년대에는 통신망을 활용하여 실시간으로 카드결제를 처리할 기술이 없었기 때문에 카드번호와 결제금액을 종이로 된 전표에 적어 카드사에 제출했습니다.

가게마다 빈도의 차이가 있었습니다만, 전표는 대략 일주일에 한 번 취합하여 카드사에 전달했습니다. 카드사는 전표를 수기로 확인하고 결제 대금을 업체에 입금해줬고, 이 절차에만 며칠씩 시간이 걸렸습니다.

따라서 결제 증명 소요시간으로 인한 다양한 문제가 발생할 수 있었습니다. 전표를 잃어버린다면 국밥집 사장님은 결제대금을 받을 수 없었습니다. 뿐만 아닙니다. 계좌에 10만 원밖에 없는 사람이 여기저기 열심히 돌아다니며, 하루 만에 열 군데의 가게에서 10만 원씩 카드를 긁어버리면 어떻게 될까요? 신용카드야 후불로 청구되니 별 상관이 없습니다만, 계좌 잔액이 실시간으로 확인되지 않으므로 당시 기술력으로는 체크카드 운영이 곤란했을 것입니다.

중앙화된 결제 증명 시스템의 특징

장점	거래 참여자들이 안심하고 결제 내역을 신뢰할 수 있다.
단점	증명자의 역량과 양심에 따라 참여자들이 피해를 볼 수도 있다.
가치	증명자의 중재로 신용거래와 온라인 결제에 신뢰 발생
운영비용	송금 및 결제 수수료

중앙기관이 단순히 역량이 부족한 것이 아니라 악의적인 마음을 품는다면 어떻게 될까요? 결제를 조작하여 고객의 돈을 마음대로 출금해 버리거나, 가맹점에 전달해야 할 거래대금을 중간에서 갈취해버릴 수도 있을 것입니다. 혹은 마음대로 결제내역을 취소해버리거나 전산을 조작해서 이중 결제를 성사시킬 수도 있고요.

비트코인의 창시자인 사토시 나카모토는 화폐의 발행뿐만 아니라, 거래내역의 증명마저도 중앙화된 시스템을 벗어나 참가자 개개인이 스스로 증명할 수 있는 화폐 시스템을 제안했습니다. 중앙화된 금융 권력을 분산시켜 모두에게 나눠준다는 의미로 탈중앙화decentralization라는 용어를 사용합니다.

탈중앙화 시스템에서 거래를 증명하는 과정은 생각보다 어려운 문제이며, 전산학에서는 한동안 이를 해결하기 곤란한 난제로 취급하기도 했습니다. 이 난제의 이름을 '비잔틴 장군 문제'라고 부릅니다. 그런데 비트코인은 이 문제를 멋지게 해결했고, 그렇기에 혁신이라 불립니다.

80년대의 카드결제 시스템이 체크카드 결제를 구현할 수 없었던 점을 다시 한번 떠올려 보기를 바랍니다. 비트코인의 가장 큰 혁신을 훨씬 쉽게 이해할 수 있을 것입니다.

탈중앙화된 화폐 발행 시스템

사토시 나카모토는 비트코인을 발표하며 중앙화된 화폐 발행 체계와 결제 증명 체계를 탈출하여, 거래에 참여하는 개개인이 직접 화폐를 생산하고 결제를 증명하는 탈중앙화된 금융 시스템을 제안했습니다. 지금부터 비트코인 세상의 화폐 생산과 결제 증명 체계가 어떤 원리로 작동하는지 살펴보겠습니다.

탈중앙화된 금융 시스템에서는 화폐를 생산하고 통화량을 제어하는 중앙은행이 존재하지 않습니다. 금융 시스템의 참여자들이 직접 화폐를 생산하고, 화폐의 진위 여부를 결정합니다. 화폐 생산에 참여하는 주체를 노드[3]라고 부릅니다.

누구든지 노드가 되어 비트코인 네트워크에 참여할 수 있다

3　node. 그래프나 네트워크의 한 점을 의미한다. 비트코인 네트워크를 구성하는 수많은 점들 중 하나라는 의미로 사용된다.

현대 자본주의 사회의 중앙화된 화폐 생산 시스템의 운영비용은 국민의 세금입니다. 마찬가지로 비트코인이라는 거대한 가상 화폐 시스템이 작동하는 데에도 비용이 필요합니다. 이 비용을 부담하는 사람들이 바로 비트코인 네트워크의 노드입니다.

노드로 참여하고자 하는 사람은 자신의 시간과 돈을 들여 컴퓨터 장비를 구축해야 하며, 추가로 전기료와 통신료를 부담하며 비트코인 네트워크의 운영을 돕습니다. 노드들은 비트코인이라는 시스템이 작동할 수 있도록 기여하는 중요한 존재들입니다. 노드들은 저마다 일종의 투표권을 보유하고 있으므로, 많은 노드가 참여할수록 비트코인 세상의 권력은 탈중앙화됩니다.

이처럼 노드들은 매우 중요한 존재입니다. 노드들은 본인이 비트코인 생태계에 중대한 기여(채굴)를 할 때마다 그 대가로 신규 화폐를 발행할 권리를 요구합니다. 이 주장을 다른 노드들이 검토하며, 타당하다고 판단될 경우 신규 화폐 발행 권리를 인정합니다. 이와 같이 비트코인 세계에서의 신규 화폐 발행은 누군가의 기여와 타인들의 인정으로 실현되며, 새로 발행된 화폐는 기여를 인정받은 노드가 소유하게 됩니다.

사토시 나카모토는 사람들의 이기심을 활용하여 공정하게 작동하는 시스템을 설계하였습니다. 노드들은 화폐를 새로이 발행하고, 그 화폐를 소유하기 위한 이기심으로 네트워크에 참여합니다. 그리고 다른 노드가 부정하게 이득을 보는 것을 방지하기 위한 이기심으로 다른 노드의 주장을 깐깐하게 검토합니다.

결과적으로 내가 이득을 보기 위한 욕망과, 타인의 부당이득을 방지하려는 욕망이 한데 섞이며 비트코인 세계의 화폐 발행 시스템은 중앙은행 없이도 공정하게 운영되는 것입니다. 현재의 비트코인 생태계에는 셀 수 없이 많은 노드들이 참여하고 있으므로, 소수의 참여자가 화폐 발행량을 마음대로 조절할 수 없이 공정하게 운영되고 있습니다.

단, 비트코인 시스템에는 중앙은행이 없으므로 지나치게 늘어난 통화량을 흡수하여 감소시켜 줄 주체가 없습니다. 화폐가 줄어들지 않는 상황에서, 누군가가 기여를 할 때마다 신규 화폐가 발행되므로 비트코인 세계의 통화량은 점점 늘어날 수밖에 없습니다.

사토시 나카모토는 통화의 생산량이 시간이 지날수록 자연스레 절반씩 줄어들게 설계하였습니다. 뿐만 아니라, 머지않은 미래에는 더 이상 신규 화폐가 발행되지 않을 예정입니다. 이 특징으로 인하여 비트코인 세계의 인플레이션은 점점 속도가 느려지게 되며, 비트코인에 관심을 가지는 사람이 늘어나면 늘어날수록 희소가치가 급격히 상승한다는 특징이 있습니다.

탈중앙화된 화폐 결제 시스템

탈중앙화된 화폐 결제 시스템은 노드들의 기여로 인하여 완성됩니다. 비트코인 생태계에 참여하는 노드에게는 가상의 지갑과 지갑의 주소가 부여됩니다. 이는 일종의 통장과 계좌번호 같은 역할을 수행합니다. 지갑에 동전(비트코인)을 담아뒀다가, 필요할 때마다 동전을 꺼내 다른 사람의 계좌번호(지갑의 주소)로 송금할 수 있습니다.

중앙화된 화폐 결제 시스템에서는 계좌이체 내역을 중앙에 위치한 은행이 보증해줍니다. 따라서 물리적인 지폐의 이동 없이도 송금인의 계좌에는 출금 내역이 기재되고, 동시에 수금인의 계좌에는 입금 내역이 기재됩니다.

반면 탈중앙화된 화폐 결제 시스템에서는 다른 노드들이 결제의 보증인 역할을 수행합니다.

노드 A는 지갑에서 비트코인을 하나 꺼내어 노드 B의 지갑으로 송금하려고 합니다. A는 송금을 인정받기 위하여 결제 정보가 담긴 일종의 가상 전표를 만들어 다른 노드들에게 전달합니다. 이 가상 전표를 트랜잭션transaction, 거래이라 부릅니다. 그리고 트랜잭션을 인정받기 위하여 수수료를 제안합니다. 수수료 역시 A가 금액을 결정할 수 있습니다.

노드 C는 A의 트랜잭션을 검토합니다. 이때, C는 A뿐만 아니라 다른 수많은 사람이 세계 각지에서 발송한 트랜잭션을 한꺼번에 검토할 수도 있습니다. 그만큼 C의 거래 유효성 검사는 비트코인 생태계의 운영에 있어 중요한 기여입니다.

다른 노드들은 C가 거래의 유효성을 꼼꼼하게 검사했는지 재검토합니다. 검토 결과 작업 과정에 문제가 전혀 없었다면 C는 보상으로 비트코인을 신규 발행하여 가져가게 됩니다. 뿐만 아니라 A를 비롯한 사용자들이 제안한 트랜잭션 검토 수수료도 가져갑니다.

트랜잭션의 유효성을 검증하며 비트코인 네트워크에 기여하는 행위를 채굴mining이라 부릅니다. 마치 캄캄한 광산에서 금을 캐는 행위처럼, 아무 가치 없는 데이터를 검토하며 비트코인이라는 금전적 보상을 획득할 수 있기 때문입니다.

여러 대의 그래픽카드를 연결하여 제작한 채굴장비

채굴 때문에 그래픽카드 가격이 올랐다거나, 채굴로 인해 전기가 낭비되고 있다는 이야기를 들어본 적이 있나요? 거래의 유효성을 검증하는 채굴작업은 암호를 해독하는 행위이며, 이 과정에서 막대한 수학적 연산을 필요로 하기 때문에 이런 이야기가 나오는 것입니다.

채굴은 암호를 해독하는 과정이므로, 암호화폐라는 용어가 생겼습니다. 비트코인 이후에 출시된 다양한 암호화폐 중 전기 소모량을 압도적으로 감소시킨 채굴 방식을 제안한 코인도 많습니다.

노드들은 새로운 코인을 발행하여 가져가기 위해서 앞장서서 타인의 거래 유효성을 검토합니다. 봉사심이 투철해서가 아니라 자신의 금전적 이득이라는 확실한 동기를 제공함으로써 경쟁심을 부추기고 있는 점에 주목하기를 바랍니다.

뿐만 아니라, 거래를 이용하는 이용자들 사이에서도 경쟁이 발생합니다. 비트코인 채굴은 대략 10분에 한 번 주기로 일어납니다. 거래를 검토하는 노드들은 10분에 한 번, 전 세계에서 단 한 노드에게만 주어지는 기회를 매우 소중하게 생각합니다. 따라서 이왕이면 한 번의 작업을 통해 최대한 많은 수수료를 확보하고 싶을 것입니다.

결과적으로 높은 검토 수수료를 제안한 트랜잭션이 먼저 유효성을 인정받게 됩니다. 비트코인에 관심을 가지는 사람들이 많아질수록 트랜잭션 수수료에도 경쟁이 붙을 것이고, 점점 더 결제 수수료는 올라갈 것입니다. 결과적으로 결제에 수반되는 수수료 부담이 커져 거래량이 줄어들 것이며, 이는 비트코인 가격 하락을 불러올 수 있는 위험요소입니다.

수수료 상승으로 인한 문제는 비트코인뿐만 아니라 이더리움 등 다른 암호화폐에서도 벌어지는 현상입니다. 어쩌면 이는 탈중앙화된 결제 시스템의 한계일지도 모르겠습니다.

모두의 이기심이 공익으로 이어지는 블록체인 기술

A와 B 사이의 비트코인 송금 사례를 다시 한번 생각해 봅시다. 이들 사이의 거래가 유효함을 C가 검증했고, 다른 노드들이 C의 유효성 검증이 타당한지 재검증했습니다.

그런데 말입니다. 만약에 악의적인 마음을 먹은 D가 거래를 위조하여 "A가 나에게 전 재산을 이체하였음."이라는 가짜 트랜잭션을 만들어서 유효하다고 주장하면 어떻게 될까요? 일반적인 상황에서는 다른 노드들이 D의 검증과정이 유효하지 않음을 발견해내고 해당 트랜잭션을 소각하는 것으로 사건이 마무리될 것입니다.

그런데 만약 비트코인 네트워크에 D에 동조하는 악당 노드들이 침투한다면 어떻게 될까요? D와 같은 편인 노드들이 갑작스레 등장하여 "D의 검증은 올바름"이라는 주장을 펼치는 것이지요. 이때 비트코인 네트워크는 어떻게 정직한 노드와 거짓말쟁이 노드를 구분해내어, 선량한 A의 재산을 지킬 수 있을까요?

돈이 되는 서비스에는 외부의 공격이 따른다

사토시 나카모토는 블록체인이라는 기술을 제안하며 이 문제를 해결했습니다. 데이터로 만들어진 블록을 마치 사슬처럼 한 줄로 길게 이어 붙이는 기술이라 블록체인이라는 이름이 붙었습니다.

거래 참가자들은 다른 노드들에 트랜잭션을 보고합니다. 채굴자는 신규 코인을 보상으로 받기 위하여 전기를 소모하며 암호를 해독하고,

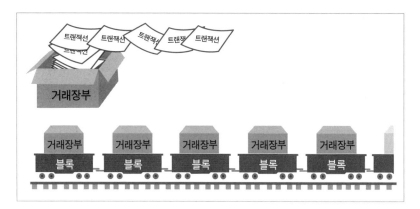

블록체인

암호 해독에 성공하면 자연스럽게 새로운 블록과 코인이 생성됩니다. 이 블록에는 트랜잭션이 수록됩니다.

즉, 블록체인은 데이터로 만든 상자(블록)가 사슬처럼 일렬로 길게 이어져 있는 구조이며, 이 상자 안에는 거래 장부가 차곡차곡 쌓여 있는 형태라고 생각하면 됩니다. 누구든지 거래 장부를 열어 거래내역을 확인할 수 있으며 위조가 불가능합니다.

채굴에 참가하는 노드들은 다른 노드가 부당한 이득을 얻지 않도록 철저한 검증과정을 거칩니다. 만약 새롭게 생성된 블록이 유효하지 않다고 판단되면 자연스럽게 그 블록은 배척당합니다. 누군가 나쁜 마음을 먹고 위조된 데이터를 블록체인에 이어붙이고 싶어도, 다른 노드들이 앞장서서 쫓아내게 되므로 비트코인 네트워크는 항상 공정하게 운영됩니다.

덕분에 비트코인 네트워크는 소수의 악의적 노드의 공격으로부터 안전해졌습니다. 비트코인 네트워크의 트랜잭션을 한 번 위조하려면 전체 네트워크 중 과반수가 동조해야 합니다. 심지어 과반수를 장악하더라도 과거의 거래 내역까지 모두 조작하는 것은 불가능에 가깝습니다.

블록체인은 현재 4차 산업혁명의 핵심 기술이라는 평가를 받고 있으며, 블록체인 기술에 사활을 건 기업도 굉장히 많습니다. 뿐만 아니라 블록체인 기술은 메타버스 세계의 경제를 지지할 유일한 수단으로 평가받고 있기도 합니다.

사람들의 이기심과 경쟁심을 극대화한 결과 공익이 달성되는 굉장히 재미있는 사례입니다. 더군다나 연방준비제도와 월가를 향한 누군가의 분노가 인류의 미래를 열어나갈 원동력이 되었다는 사실도 무척이나 재미있네요.

CHAPTER 4

현명한 암호화폐 투자를 위하여

암호화폐에 화폐로서의 가치가 있을까?

금화나 은화가 통용되던 시절, 화폐는 그 자체로 귀금속으로서의 가치가 있었습니다. 금본위제 시대의 화폐는 황금과 교환할 수 있는 일종의 교환권이었습니다. 따라서 황금의 가치가 화폐의 가치를 지탱했습니다. 현대 자본주의를 지탱하는 화폐 발행 시스템은 국가의 신용이 오간 사실을 증명하는 영수증으로, 국민의 세금으로 형성한 국가의 신용이 화폐의 가치를 지탱합니다.

반면 암호화폐의 가치를 지탱해주는 물건이나 기관은 존재하지 않습니다. 이것이 금융 전문가들이 그토록 암호화폐를 허상이라 주장하는 가장 강력한 논리입니다. 이 주장을 극복하기 위하여 금본위제와 동일한 방법으로 코인에 가치를 부여하려는 시도도 있었습니다. 테더USDT가 대표적인 사례입니다.

테더의 운영사에 1달러를 입금하면 코인 1개를 전송해줍니다. 회사는 언제든지 코인을 다시 달러로 환전해주기 위하여, 고객이 입금한 달러를 사용하지 않고 묶어둡니다. 결과적으로 현실 세계의 자금이 가상 세계로 이동합니다. 이처럼 현실적인 가치가 부여된 코인을 스테이블 코인stable coin이라고 부릅니다.

현금이 아니라 현물을 가치의 근거로 삼는 스테이블 코인도 있습니다. 2017년, 바나나코인이라는 이름의 코인 프로젝트가 오픈되었습니다. 바나나코인의 개발자들은 투자금을 라오스 소재 농지 구매에 사용하여 바나나를 심을 것이라고 했으며, 바나나코인 1개를 바나나 1kg의 가격과 동일하게 맞춰주겠다고 주장했습니다. 라오스에서 바나나 1kg은 50센트[1] 정도였고, 투자자들은 이를 반값에 구매할 수 있었습니다.

정말 엉뚱한 발상이죠? 그런데도 전 세계에서 투자자들이 몰려들어 총 680만 개의 코인이 판매되었습니다. 코인 1개의 가치가 바나나 1kg과 같다는 재미있는 컨셉 때문에 투자자들도 많이 몰렸고, 2018년에는 그 가격이 3.7달러[2]에 이르렀습니다.

바나나코인의 가격은 라오스에서의 바나나 가격을 기준으로 하지만, 선진국의 투자자들은 이 사실을 잘 몰랐습니다. 3.7달러 정도면 마트에서 바나나를 구매하는 가격에 비해서도 훨씬 저렴하므로 투자가치가 있다고 판단한 것이지요.

----

1 약 640원
2 약 4,700원

하지만 개발자들은 2020년에 잠적해버렸습니다. 정말로 농지를 구매했는지, 구매한 농지에서 바나나를 키우고는 있는지 아무것도 알 수 없게 되었지요. 결국 바나나코인의 가격은 폭락했고, 2021년에는 1센트까지 떨어집니다.

바나나코인의 사례처럼 스테이블 코인이라고 해서 모두 안전하지는 않습니다. 가치를 담보해 줄 방법이 아무리 훌륭하더라도, 코인의 가치를 증명해 줄 업체의 양심에 따라 순식간에 휴지 조각이 될 수도 있기 때문입니다.

암호화폐는 구매하면 무조건 부자가 될 수 있는 당첨복권이 아닙니다. 신중한 분석과 심사숙고 끝에 결단을 내리기를 바랍니다.

암호화폐에 투자가치가 있을까?

이번에는 화폐로서의 가치가 아니라 투자자산으로의 가치에 대해 논하여 보겠습니다. 가치투자는 보통 기업에 투자하는 투자자들이 많이 사용하는 용어입니다. 대표적인 가치투자자로는 워렌 버핏Warren Buffet이 있습니다.

가치투자는 본질적으로 장기투자를 위한 기법입니다. 가치투자자들은 기업의 재무 상태와 기술력, 비전 등을 꼼꼼하게 분석하여 기업의 펀더멘털을 계산해 잠재력에 비해 저평가된 기업을 찾아 투자합니다. 그리고 기업이 성장하여 잠재력에 걸맞은 가격에 도달할 때까지 몇 년이고 기다립니다.

정부는 암호화폐에 아무런 가치가 없다고 이야기합니다. 그러면서도 비트코인을 범죄수익으로 압수하거나, 경매로 매각하는 등의 활동은 하고 있습니다. 암호화폐의 경제적 가치를 인정하므로 이런 활동을 하는 게 아닐까요? 정부나 보수적인 투자자들이 암호화폐에 가치가 없다고 말하는 것은 현금으로의 환금성을 부정하는 것이 아닙니다. 투자를 위한 기초체력, 즉 펀더멘털이 없다는 이야기입니다.

기업은 각종 활동을 영위하며 돈을 벌고, 배당을 통해 투자자에게 수익을 돌려줍니다. 따라서 돈을 많이 버는 기업의 주식은 일정 수준 이하로 내려가지 않습니다. 배당을 통한 기대 수익률이 은행 이자보다 높다면, 사람들이 은행에 돈을 맡기는 대신 기업의 주식을 구매할 것이기 때문입니다. 이것이 주식의 펀더멘털을 형성하는, 그리고 가치투자의 전제가 되는 가장 강력한 논거입니다.

하지만 비트코인 네트워크는 별도의 경제적 가치를 창출하지도 않고, 배당금이 나오지도 않습니다. 비트코인의 가격은 펀더멘털 없이 사람들의 구매 심리만으로 형성됩니다. 펀더멘털이 없으므로 코인의 가격이 큰 폭으로 요동치며, 국제정세에 따라 폭락하기도 합니다. 암호화폐는 가치투자가 불가능한 것일까요?

이더리움처럼 비트코인과 달리 별다른 등락 없이 꾸준히 우상향해 온 암호화폐도 있습니다. 암호화폐 애호가들은 이더리움이 펀더멘털이 있으므로 가치를 인정받고 있다고 주장합니다. 이더리움은 비트코인과 무엇이 다르기에 펀더멘털이 있다는 주장이 나오고 있을까요?

최신 암호화폐들은 블록체인 위에 거래 내역을 저장하는 것을 벗어나, 블록체인을 활용하여 다양한 가치를 제공하려고 노력합니다. 예를 들어 이더리움ETH은 블록체인 위에서 작동하는 가상의 컴퓨터[3]를 제공합니다. 사람들은 이를 활용해 블록체인 위에서 계약을 맺거나, 탈중앙화된 다양한 앱을 개발할 수 있습니다. 탈중앙화된 앱을 디앱DApp[4]이라고 부릅니다.

실제로 이더리움이 처음 출시되었을 때, 비트코인과 달리 코인이 유용한 기능을 수행할 수 있다는 점에 주목하여 투자한 사람들이 많습니다. 이들의 시도가 일종의 암호화폐 가치투자이며, 이후 이더리움은 묵직한 우상향 그래프를 그리며 펀더멘털을 증명했습니다.

그렇다면 이더리움의 펀더멘털은 무엇일까요?

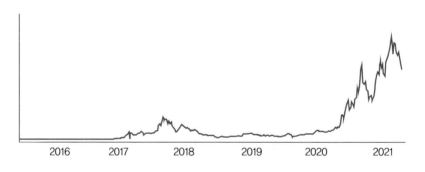

이더리움의 역대 가격변동 그래프

---

3 Ethereum Virtual Machine(EVM)

4 Decentralized Application의 약자. 사용자들이 주고받는 데이터가 위조 불가능한 상태로 보존되므로, 해킹 등의 문제로 인하여 데이터가 유실될 가능성이 낮아진다.

이더리움 블록체인을 활용해 데이터를 주고받거나 계약을 체결할 때마다 소량의 이더리움을 수수료로 납부해야 합니다. 이더리움은 DApp을 제작하기 위한 도구입니다. DApp의 운영사는 수익을 창출하기 위하여, 그리고 사용자는 유용한 기능을 활용하기 위하여 지속해서 이더리움을 구매하고, 이를 수수료로 지출합니다.

이것이 이더리움의 펀더멘털을 주장하는 투자자들의 가장 강력한 논리입니다. 이들의 주장에 따르면, 이더리움 블록체인 위에서 운영되는 DApp이 많아질수록, DApp의 사용자들이 많아질수록 이더리움을 구매하려는 사람들이 많아질 것이며, 이것이 바로 이더리움의 펀더멘털 그 자체라고 합니다. 기술이 경제적 가치를 창출해버린 사례지요.

암호화폐의 제작자들이 공개한 자료나 관련 커뮤니티를 열람하며 해당 코인이 블록체인 기술로 달성하고자 하는 목표가 무엇인지 살펴보면 투자에 큰 도움이 될 것입니다. 코인이 달성하고자 하는 기술적 목표가 장기적으로 경제적 가치를 창출할 수 있는지, 그리고 그 경제적 가치가 시간이 지남에 따라 점점 더 성장할 수 있는지를 살펴보는 것입니다.

이것이 암호화폐 가치투자 옹호론자들이 주장하는 가치투자 방법입니다. 2016년경 이더리움의 기술적 가치를 알아보고 가치투자에 도전한 사람들은 2021년 12월 기준으로 대략 560배가량의 투자 수익을 달성한 것으로 추정됩니다. 정말 부럽습니다. 단, 이미 이더리움의 가치가 펀더멘털에 수렴이 끝나 앞으로는 극적인 가격상승이 불가능하다는 주장도 있으므로 투자에는 주의하시기 바랍니다.

여기까지는 일반적인 이야기이며, 작가가 암호화폐의 투자가치를 분석하는 관점을 조금 맛보여드리도록 하겠습니다. 작가는 이더리움 가치 투자 옹호론자들과는 조금 다른 관점으로 이 현상을 바라보고 있습니다.

작가는 이더리움의 가격상승은 암호화폐도 유용할 수 있다는 사실을 증명했다는 점과 그로 인해 발생하는 유명세가 투자심리를 지탱하고 있기에 발생하는 현상이라 생각합니다. 이더리움이 신기술을 선보이며 새로운 IT 생태계를 개척한 것은 맞지만, 그로 인해 이득이 아니라 펀더멘털에 큰 손해를 봤다고 생각하기 때문입니다.

일반적으로 기업이 새로운 플랫폼을 만들어 산업 생태계에 기여할 경우 기업은 떼돈을 벌게 되어 있습니다. 애저[5]를 만든 마이크로소프트가 그랬고, 유튜브를 인수한 구글이 대표적인 사례입니다. 당연히 주가도 상승했고요. 주가 상승의 펀더멘털은 매출의 폭발적 성장입니다.

반면 이더리움 플랫폼의 성장은 이더리움의 기능 저하를 유발할 뿐입니다. 이더리움 네트워크가 한 시간 동안 처리할 수 있는 작업의 숫자는 한정적입니다. 신규 코인의 탄생도 처리해야 하고, 사용자 간의 거래 내역도 처리해야 하며, 트랜잭션에 담긴 계약도 처리해야 합니다.

그런데 이더리움 네트워크 위에서 온갖 DApp들이 개발되며 활성화되면 어떻게 될까요? 이더리움 네트워크는 결제 내역뿐만 아니라 다른 앱들이 주고받고 저장하는 데이터까지 처리하게 됩니다. 이더리움 생태계 위에서 작동하는 앱이 많아질수록, 그리고 그 앱들이 성공해서 많은 데이터

---

5 Azure. 마이크로소프트 사의 클라우드 플랫폼으로, 4차 산업혁명 시대의 신기술 대부분을 지원하는 매우 편리한 서비스. 전 세계의 벤처기업과 대기업이 애저 위에서 서비스를 구현하여 먹고살고 있다.

를 생성할수록, 이더리움 네트워크가 처리해야 할 업무가 늘어납니다.

하지만 이더리움 네트워크가 가진 능력에는 한계가 있습니다. 결국 이더리움 네트워크를 사용하는 사용자들은 동일한 작업을 하기 위해서 훨씬 오랜 시간을 기다려야 합니다. 급하게 작업을 처리해야 하는 사람들은 엄청나게 많은 거래수수료를 납부할 것이고요.

이것이 이더리움 생태계의 성장이 이더리움에 악재인 이유입니다. 이더리움 사용자의 불편이 가중되며, 이더리움의 송금과 계약 효용성이 나빠지죠. 이것은 기업과 정반대로 펀더멘털이 감소하는 것으로 봐야 하는 것은 아닐까요? 따라서 이더리움의 가치투자는 앞뒤가 맞지 않는 이야기라 생각됩니다. 펀더멘털이 감소하는 존재의 가격이 점점 상승하고 있으니까요.

같은 논리로, 만약 작가가 암호화폐에 가치투자를 한다면 암호화폐 제작자가 주장하는 성장의 결과물이 정말로 암호화폐의 본질적인 가치 상승으로 이어질 수 있는지를 주로 검토해볼 것 같습니다.

이로써 암호화폐의 가치투자를 긍정하는 견해와 부정하는 견해를 함께 보여드렸습니다. 이더리움이 별다른 폭락을 겪지 않고 지속적인 가격상승을 겪어온 현상 역시 이미 일어난 사실입니다. 이더리움 플랫폼의 성장이 이더리움 네트워크의 효용성 감소를 유발하고 있는 것 역시 사실이고요.

따라서 양쪽의 견해 모두 타당한 면도 있으며 한계도 있으므로, 독자 여러분은 양쪽의 견해를 모두 살펴보고 나름의 소신에 따라 투자 결정을 내리기 바랍니다.

암호화폐 투자 전 반드시 알아야 하는 정보

블록체인 기술 간략하게 살펴보기

블록체인은 한 줄로 길게 이어진 데이터 블록을 사슬처럼 연결한 것으로, 시간이 지날수록 점점 더 길어집니다.

비트코인의 블록체인에는 다수의 거래 내역이 기재됩니다. 블록체인이 일종의 위조 불가능한 장부 역할을 수행하는 것입니다. 블록체인은 사람의 이기심과 경쟁심 위에서 작동하는, 탈중앙화를 위한 유용한 도구입니다. 따라서 블록체인은 위조되지 않으며 공정하다고 이해해도 좋습니다.

채굴은 새로운 블록을 생성하기 위하여 암호를 푸는 행위이며, 이 암호는 거래내역을 반영하여 만들어집니다. 암호 해독에 성공하면 거래내역이 장부에 기록되고 블록체인에 연결되며 위조 불가능한 상태로 게시됩니다. 암호 해독을 위해 노력한 사람은 새로운 코인을 보상으로 받습니다.

암호화폐 지갑

현실 세계의 지갑에도 지폐와 동전을 넣어둘 수 있지요. 암호화폐의 세계에서도 마찬가지로, 동전(코인)을 넣어둘 수 있는 지갑이 있습니다. 지갑은 누구든지 생성할 수 있으며, 지갑의 주소는 무작위로 선정됩니다.

암호화폐 지갑을 처음 설치하면 블록체인 네트워크에 접속하여 첫 번째 블록에서부터 마지막 블록까지의 모든 거래정보를 다운로드합니다. 최근 정보까지 동기화가 완료되면 비로소 지갑이 설치된 컴퓨터가 노드의 역할을 수행하며 작동하기 시작합니다.

다운로드에 필요한 데이터의 규모가 방대한 편이므로 처음 지갑을 구동할 때는 시간이 오래 걸립니다. 따라서 채굴에 직접 참여할 생각이 없다면 간편 지갑 서비스를 사용하면 좋습니다.

간편 지갑 서비스는 운영사가 블록체인 데이터를 전부 다운받아 정리해 주는 서비스이며 사용자는 별도의 블록체인 데이터 다운로드 없이 입금과 송금을 할 수 있습니다. 스마트폰 앱으로 출시된 대부분의 코인 지갑이나, 거래소에서 제공해 주는 지갑이 이에 해당합니다.

은행과 달리 암호화폐 세계에는 중앙에서 거래를 증명해주는 존재가 없습니다. 하지만 모든 이체내역은 블록체인 위에 기록되지요. 암호화폐 지갑은 이 거래내역을 모두 읽어 들여 자기 지갑 주소로의 입금 기록과 출금 기록을 분석하고, 이를 통해 지갑에 남은 잔액을 계산합니다.

지갑이 스스로 블록체인 장부를 열람하여 자신의 잔액을 계산하는 구조이다 보니 누군가 자신의 잔액을 부풀려 말하며, 과다한 송금을 시도할 수도 있다는 우려가 생길 수 있습니다. 하지만 다행히도 이런 일은 일어나지 않습니다. 송금 기록에 담긴 트랜잭션이 정당한지 아닌지 네트워크의 다른 노드들이 눈을 시뻘겋게 뜨고 철저하게 검증하기 때문입니다. 잔액보다 많은 금액의 송금을 시도할 경우 그 트랜잭션은 인정받지 못하여 송금이 일어나지 않습니다.

백서(white paper)

암호화폐를 새로이 출시하면서 그 암호화폐와 블록체인에 적용된 기술적·기능적 특징을 서술한 문서를 백서라고 부릅니다. 사토시 나카모토의 〈Bitcoin: A peer-to-peer electronic cash system〉 논문은 비트코인의 백서에 해당합니다. 백서가 공개되지 않은 코인은 사기라고 단정해도 무방합니다. 기술력에 자신 있는 팀이라면 기술력을 어떻게든 과시하며 지분투자 혹은 ICO를 시도하는 것이 일반적입니다.

ICO는 Initial Coin Offering의 약자로, 개발팀이 코인의 비전을 소개하면서 개발 자금을 확보하기 위하여 먼저 투자금을 받는 행위입니다. 이더리움은 2014년 ICO를 통해 196억 원을 모집했고, 한국인이 개발한 보스코인BOS은 2017년 135억 원을 모집한 바 있습니다. 기술력에 자신 있는 코인이라면 당당하게 백서를 전면에 공개해 두는 것이 당연하겠지요?

백서의 내용은 일반인이 이해하기에 어렵고 복잡한 경우가 많습니다. 그래서 다른 코인들의 백서 내용을 짜깁기해 가짜 백서를 만들어 올려두거나, 기술적으로 불가능한 내용을 적어 두는 사례도 있습니다. 이런 스캠 코인에는 주의해야 합니다.

코인에 투자하기 전, 해당 코인의 백서가 존재하는지 한 번 더 확인해본다면 억울한 투자손실을 당할 가능성이 조금은 줄어들 것이라 생각합니다.

개발자 물량 매도로 인한 가격폭락 리스크

암호화폐를 개발하는 개발자는 높은 확률로 남들보다 많은 코인을 확보하고 있을 것입니다. 아직 코인이 인지도가 낮아 후발 투자자들이 참여하기 전부터 채굴을 시작할 가능성이 높기 때문입니다. 혹은 암호화폐를 개발하는 과정에서 코드도 돌려보고, 디버깅도 해 보면서 만들어진 코인을 폐기하지 않고 그대로 출시해버릴 수도 있고요.

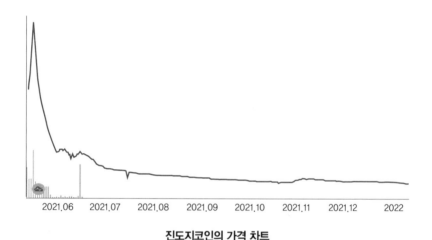

진도지코인의 가격 차트

위 그래프는 한국의 도지코인이라는 캐치프레이즈로 출시된 진도지코인Jindoge의 그래프입니다. 진도지코인의 개발자들은 2021년 5월 13일, 상장되자마자 전체 코인의 35%를 소각한 뒤 개발자가 갖고 있던 물량 전체를 매도하고 도망가버렸습니다. 진도지코인 가격은 97% 하락했으며, 투자자들의 총피해액은 26억 원으로 추정됩니다.

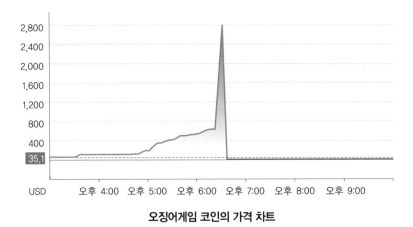

오징어게임 코인의 가격 차트

오징어게임 코인 사건도 살펴보지요. 당시 개발자들은 현실 세계에서 넷플릭스 드라마 오징어게임에서 나온 게임을 실제 온라인 게임으로 구현할 것이며, 오징어게임 토큰을 해당 게임에서 사용할 수 있는 화폐라며 홍보했습니다.

출시 직후 11원이었던 오징어게임 코인은 드라마의 인기에 힘입어 며칠 만에 가격이 33만 배 상승하여 330만 원이 되었습니다. 그리고 몇 주 뒤인 2021년 11월 1일, 개발자들은 코인을 모두 매각하고 잠적했습니다. 이 과정에서 발생한 투자자들의 손해액은 총 23억 6천만 원으로 추정됩니다. 넷플릭스 측에서도 자신들과 이 사건은 전혀 관계가 없다면서 해명자료를 발표할 만큼 큰 사건이었습니다.

이외에도 360억 원을 갖고 도망친 DeFi100 코인 사례도 있습니다. 이런 사기 형태를 러그풀Rug pull이라고 부릅니다. 사람들을 불러 모아 양탄자 위에 세워 두고, 양탄자를 갑자기 잡아당겨 모든 사람을 넘어뜨리는 것과 같다고 하여 이런 이름이 붙었습니다.

현실 세계에서도 사기당한 돈을 모두 돌려받기는 쉽지 않습니다. 하물며 가상 세계에서 일어난 사기극은 더욱 힘들지요. 작정하고 온라인에서 사기를 치려는 개발자들은 토르Tor⁶ 등의 익명화 도구를 활용하여 자신의 신상정보를 꼭꼭 숨기고 있으므로 개발자를 잡는 것 자체가 곤란합니다.

개발자를 찾아낸다고 해도 문제입니다. 공개된 거래소를 통한 매매 행위가 성립해버렸으므로 사기죄가 성립하지 않는다는 견해도 있습니다. 암호화폐 투자에 따른 결과는 온전히 투자자의 몫이므로 주의가 필요합니다.

러그풀 사기를 피하려면 우리는 어떻게 해야 할까요? 러그풀 사태는 국제적인 사기행위이므로 각국의 매체에서 다양한 조언들이 쏟아져 나오는데요, 일반인의 눈높이에 맞춘 조언을 요약해 보면 아래와 같습니다.

(ㄱ) 메이저 거래소에서만 코인을 거래한다.
(ㄴ) 개발자의 이름과 사진 등의 신상정보가 밝혀져 있는지 확인한다.
(ㄷ) 그 개발자가 정말로 코인 개발에 참여했는지 확인한다.

진도지코인이나 오징어게임 코인은 메이저 코인 거래소가 아니라 탈중앙화 코인 거래소라 불리는 서비스를 통해 상장되고 거래되었습니다. 대부분의 탈중앙화 거래소는 별도의 상장 심사 없이 누구든지 코인

---

6 전 세계에 흩어진 IP를 경유하는 네트워크 익명화 도구. 토르 사용자를 잡으려면 여러 국가를 거치며 사용자의 컴퓨터에 접근해야 하므로, 사용자 특정이 거의 불가능하다.

을 상장시켜 판매할 수 있으므로 수준 미달인 코인이 거래될 수 있습니다. 반면 메이저 거래소는 더 깐깐한 상장심사를 거치므로, 메이저 거래소를 활용하는 것만으로도 최소한의 리스크 회피는 가능합니다.

그리고 개발자의 신상명세가 밝혀져 있는지 확인하는 것도 중요합니다. 자신의 이름과 얼굴을 걸고 코인을 만든 사람이 잠적하기란 쉽지 않을 테니까요. 그러나 사기꾼들은 신상마저도 위조하는 경우가 허다하므로 주의가 필요합니다.

개발자의 정체가 밝혀지지 않은 코인은 러그풀에 민감할 수밖에 없습니다. 초기에 비트코인 채굴에 참여한 지갑 중 하나가 수년 뒤 50 BTC를 매각한 일이 있습니다. 당시 전 세계의 투자자들은 "비트코인의 개발자인 사토시 나카모토가 비트코인을 팔았다!"라며 패닉에 빠졌고, 러그풀을 의식한 투자자들이 대량의 코인을 매도하며 비트코인의 가격이 크

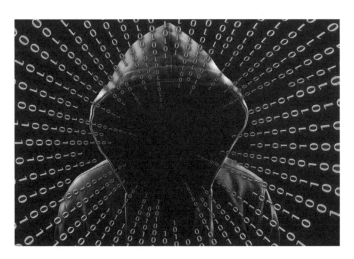

러그풀을 최소화할 방법은 있다

게 떨어졌습니다. 알고 보니 그 지갑의 주인은 사토시와 전혀 상관없는 사람이었으며, 매매금액도 그리 크지 않았는데 말입니다.

한국 암호화폐 시장에서 유명한 엔지니어 여러 명의 명의를 도용하여 홈페이지를 만들고 투자자를 유치하려 했던 사례도 있습니다. 따라서 홈페이지에 걸린 사진만 확인할 것이 아니라, 정말로 그 사람이 코인 개발에 참여하고 있는지 확인하는 것도 매우 중요합니다. 정말 개발에 참여한 개발자라면 SNS 등을 통하여 프로젝트 관련 소식을 공지하고 있을 것입니다.

결론적으로 개발자의 정체가 완전히 밝혀져 있으며, 메이저 거래소에서 거래되고 있는 코인에만 투자하는 것이 러그풀 리스크를 조금이나마 회피할 수 있는 방법입니다.

사기 ICO

코인 개발에는 돈이 들어갑니다. 개발자들에게 월급도 줘야 하고, 사무실도 임대해야 하죠. 그리고 채굴에 사용할 GPU도 구매해야 하고요. 따라서 코인의 개발진은 코인을 개발하기 전, 자신들의 비전을 공개하며 투자금을 모집하는 경우가 대부분입니다. 법인을 설립하여 일반적인 지분투자를 받아 자금을 충당하는 경우도 있지만, ICO라는 형태로 개발자금을 확보하는 경우도 있습니다.

ICO를 실시하는 팀은 멋진 웹페이지를 만들고 백서를 공개합니다. 그들의 비전에 동의하는 투자자들은 비트코인이나 이더리움 등 메이저 암호화폐를 개발팀의 계좌로 송금하는 것으로 투자에 참여합니다. 투자자들은 코인이 출시된 이후, 일정량의 코인을 나눠 받는 것으로 보상받게 됩니다.

코인 개발자들은 지분투자보다 ICO를 선호하는 경우가 많은데 여기에는 크게 두 가지 이유가 있습니다.

첫째, 지분투자에는 법적인 제약도 있으며 투자자들이 회사의 경영에 개입하게 되어 탈중앙화를 추구하는 개발진의 이념과 맞지 않을 수 있습니다. 그뿐만 아니라 반드시 법인을 설립해야 하므로 번거롭습니다. 반면 ICO는 개인사업자나 조합 형태로도 실시가 가능하므로 개발자들의 운신이 자유롭습니다.

둘째, ICO에 참여한 금액이 일종의 가격 지지선을 형성합니다. 예를 들어 ICO로 100억 원의 모집에 성공했다면, 그 코인의 상장 이후 시가총액이 최소한 100억 원은 될 것이라 기대할 수 있습니다. 최소한 원금은 건지겠다는 마인드로 투자자들이 일정 금액 이하로 매도하지 않으려는 성향을 보이기 때문입니다.

ICO에 참여하는 투자자들은 뒤늦게 투자하는 것에 비해 훨씬 더 큰 이익을 거둘 수 있으리라 기대합니다. 개발자들이 정직하게 코인을 개발하여 대박이 나면 좋겠지만, 개발자금으로 받은 코인을 갖고 잠적하는 경우도 있습니다. 사기 ICO는 앞서 소개한 러그풀보다 더 악질입니다. 러그풀은 코인을 개발하고 상장하려는 노력이라도 하지만, 사기 ICO는 사기꾼들이 그 정도의 노력조차도 하지 않고 도망가기 때문입니다.

현재 국내에서는 ICO가 불법으로 규정되어 있어, 개발자들이 해외에

법인을 설립하여 ICO를 하고 있습니다. 만약 한국에서 ICO를 준비한다는 코인의 웹페이지를 발견했는데 주소지가 국내로 기재되어 있다면 투자하지 않는 것이 좋습니다. 또한, 이왕이면 개인이나 조합의 ICO보다는 법인 명의로 진행되는 ICO에 투자하는 것이 조금 더 안전합니다. 당연히 개발진의 사진과 이름이 공개되어 있는지도 확인해야 하고요.

사실 가장 바람직한 것은 백서를 이해할 수 없는 ICO 건에는 투자하지 않는 것입니다. 백서를 이해할 정도의 역량이 된다면 해당 백서가 다른 코인의 백서를 베꼈거나, 허무맹랑한 내용으로 구성되어 있지는 않은지 꼼꼼하게 살펴보는 것이 중요하고요.

51% 공격

암호화폐는 탈중앙화된 네트워크상에서 운영되며, 참가자들이 저마다 이기심을 갖고 경쟁적으로 활동하는 과정에서 공정함에 도달합니다. 그런데 누군가 블록체인 네트워크의 50%를 초과하는 지분을 장악하면 어떻게 될까요?

이를 '51% 공격'이라고 부릅니다. 블록체인 네트워크에서 50%가 넘는 지분을 장악하면 블록체인 네트워크를 중단시킬 수도 있고, 트랜잭션을 위조할 수도 있으며, 이미 성립된 트랜잭션을 취소할 수도 있습니다.

블록체인 네트워크상의 지분은 채굴자의 초당 계산 능력_{해시레이트}으로 결정됩니다. 어떤 채굴자 한 명이 채굴에 투입하는 장비의 대수를 늘려, 전 세계의 다른 채굴자들의 해시레이트를 모두 더한 것보다 더 큰 해시레이트를 달성할 수 있다면 51% 공격이 성립합니다.

트랜잭션의 취소는 굉장히 중요한 문제입니다. 비트코인 골드BTG네트워크에서 실제로 51% 공격을 활용한 트랜잭션의 취소가 있었습니다. 당시 공격자는 한화 200억 원이 넘는 금액을 이체한 뒤 트랜잭션을 취소하여 출금 사실을 지웠습니다. 당시 사건의 피해자에 대한 상세한 기록은 공개되어 있지 않습니다만, 최악의 경우를 상상해 볼 수는 있겠지요.

공격사가 200억 원을 거래소로 이체한 뒤 전량을 매도하여 현금화하거나 다른 코인으로 환전합니다. 그리고 트랜잭션을 취소하면 지갑에는 다시 200억 원어치의 비트코인 골드가 돌아오고, 이미 환전된 돈 역시 수중에 남아있습니다. 이 과정에서 거래소가 200억 원의 손해를 보게 되며, 비트코인 골드의 가격이 내려가며 투자자들도 피해를 보게 됩니다.

51% 공격이 발생했다는 사실은 암호화폐의 가장 중요한 가치인 탈중앙화가 무너졌다는 의미이므로, 투자심리의 위축과 가격폭락을 불러올 수 있는 위협요소입니다. 시가총액이 작은 규모인 코인에서 51% 공격이 발생한다면, 감당할 수 없을 정도의 가격하락이 발생할 수 있으므로 투자에 주의가 필요합니다.

51% 공격으로 인한 투자손실을 회피하려면 시가총액이 크고 역사가 깊은 코인에 투자하는 것이 유리합니다. 이미 전 세계의 다양한 이해관계자들이 채굴에 참여하고 있을 것이므로, 누군가 갑작스럽게 기계를 대량으로 구매하여 50%가 넘는 해시레이트를 장악하기가 쉽지 않을 것이기 때문입니다.

비트코인 골드 외에는 버지코인XVG, 모나코인MONA, 젠캐시ZEN, 이더리움 클래식ETC 등의 코인이 51% 공격을 당한 적이 있습니다.

채굴자 행보로 인한 가격폭락

코인 가격은 채굴자의 행동에 따라 크게 하락하기도 합니다. 이를테면, 2018년 11월에 있었던 비트코인 캐시 사건이 대표적이라 할 수 있겠네요.

전 세계에서 가장 많은 해시레이트를 보유한 사람은 중국의 우지한 Wújihàn입니다. 당시 우지한은 크레이그 라이트Craig Wright[7]와 비트코인 캐시 운영에 대한 갈등을 겪고 있었습니다.

암호화폐 네트워크는 다수결로 운영되며, 가장 많은 해시레이트를 보유한 사람이 원하는 방향으로 업데이트가 진행됩니다. 결과적으로 장비에 많은 돈을 투입한 사람이 암호화폐의 지배자가 되는 것이지요.

우지한은 크레이그 라이트의 해시레이트를 압도하기 위하여 비트코인 채굴에 사용하던 채굴 장비들을 비트코인 캐시 채굴로 돌렸습니다.

일각에서는 이것이 비트코인 몰락의 첫 단추라는 과감한 예측을 하기도 했습니다. 우지한 역시 "크레이그 라이트와의 싸움으로 인해 비트코인 가격이 폭락할 수 있다."고 우려를 표했고요.

비트코인 생태계 지탱에 가장 돈과 시간을 많이 투입하던 사람이 비트코인에서 발을 뺐으므로, 투자자들에게는 악재로 다가왔습니다. 실제로 우지한이 비트코인 채굴을 잠시 중단하자 비트코인의 가격은 한순간에 300만 원까지 폭락했습니다. 비트코인 투자자들은 영문도 모르고 큰 타격을 입었고요. 가장 공정하다는 평가를 받고 있는 비트코인조차도

---

7 자신이 사토시 나카모토라고 주장하는 인물이며, 비트코인의 초기 개발에 참여했다.

단 한 명의 변심으로 가격이 폭락할 수 있습니다. 이는 투자자가 통제할 수 없는 리스크이며, 코인의 백서를 아무리 열심히 읽어본다고 해도 회피가 불가능합니다.

채굴자가 속한 국가의 전기 요금 인상이나 관련 규제가 리스크가 되기도 합니다. 2021년 하반기, 중국 공산당이 채굴자 규제를 강화하여 많은 채굴자들이 사업을 중단하는 바람에 비트코인을 필두로 다수 암호화폐의 가치가 폭락한 바 있습니다.

중국에 있던 채굴자들은 위치도 가깝고 전기료가 저렴한 카자흐스탄으로 이주하여 채굴을 다시 시작했습니다. 덕분에 카자흐스탄은 갑작스레 전 세계 2위 수준의 해시레이트를 보유하게 되었고요. 그런데 하필이면 2021년 1월 6일, 카자흐스탄에서 대규모의 반정부 시위가 발발하며 인터넷이 끊기고 채굴이 중단되는 일이 발생했습니다. 이 사건으로 인해 비트코인 가격이 5,000만 원 밑으로 떨어졌고, 다른 암호화폐들도 영향을 받으며 일제히 폭락장을 맞았습니다.

탈중앙화를 외치며 창조된 암호화폐는 이제 소수의 대형 채굴자들의 행보에 영향을 받고 있는 실정입니다. 사토시가 주장했던 '모두가 1표를 행사하는 공정한 네트워크'는 이제 존재하지 않습니다. 이는 곧 투자자의 리스크 상승으로 이어집니다.

중앙은행의 작동원리는 시장안정과 국민보호지만, 채굴자들의 행동원리는 자기 자신의 이익입니다. 중앙은행과 국가는 필요하다면 손해를 떠안으면서 시장 참여자들을 보호합니다. 하지만 채굴자들이 투자자의 자산을 보호하기 위해 자신이 손해를 보는 행동을 할 리는 없습니다.

암호화폐에 투자할 때는 항상 채굴자 리스크를 명심해야 합니다. 이것이 암호화폐 가치투자 무용론의 강력한 논거 중 하나이자 장기투자에 신중해야 하는 이유입니다.

채굴자들은 자신의 이익을 위해 행동한다

퍼블릭 네트워크와 프라이빗 네트워크

비트코인이나 이더리움의 장부는 전 세계의 누구든지 열어볼 수 있습니다. 이렇게 전 세계에 장부가 오픈되어 있으며, 누구든지 노드로 참여할 수 있는 블록체인 네트워크를 퍼블릭public 네트워크라고 부릅니다. 반대로 폐쇄되어 있어서 일부 인원만 참여할 수 있는 블록체인 네트워크를 프라이빗private 네트워크라고 부릅니다.

코인 거래소에 상장된 암호화폐는 대부분 퍼블릭 네트워크 기반입니다. 프라이빗 블록체인의 경우에는 탈중앙화 목적보다는 위조 불가능한 장부의 장점을 누리기 위해 고안되는 경우가 더 많습니다. 예를 들면

의료용 대마의 생산 이력을 기록하기 위하여 회사 내부에서만 운영되는 블록체인 시스템을 구축한다거나 하는 식이지요.

작가는 개인적으로 프라이빗 네트워크 기반 암호화폐는 투자가치가 없다고 생각합니다. 소수의 노드가 전체 네트워크를 독점하고 있으므로, 전혀 탈중앙화가 이뤄지지 않기 때문입니다. 권력을 독점한 소수가 나쁜 마음을 먹으면 모든 투자자가 피해를 볼 수도 있다고 생각하여 세운 나름의 투자 철학입니다.

반면 작가와는 정반대로 프라이빗 네트워크 기반 코인에만 투자하는 친구도 있습니다. 그 친구의 입장에 따르면, 비트코인 네트워크는 중국의 채굴자들에게 사실상 장악당한 것과 다름없어 위험성이 너무 크다고 합니다. 그 예시로 우지한 사건을 이야기하더군요.

그뿐만 아니라 중국의 정책에 따라 코인 네트워크가 영향을 받을 것이라 투자하기 두렵다고 합니다. 그래서 아예 금융권에서 제작한 프라이빗 네트워크 코인인 리플XRP에 올인한다고 합니다.

여담으로, 이 친구는 2021년 하반기에 중국발 이슈로 인한 비트코인 하락장을 정확하게 예측하여 안목을 증명했습니다. 그럼에도 리플에 투자한 돈은 아직 원금을 되찾지 못했습니다. 아, 이거 책에 적지 말라고 했는데…. 투자라는 것은 정말 어려운 것 같습니다.

암호화폐와 익명성

암호화폐는 익명성이 보장되는 거래방식이라고 소개하는 뉴스 기사가 종종 보이던데, 전혀 사실이 아닙니다. 암호화폐는 오히려 누가 누구에게 돈을 지불했는지, 그 금액은 얼마인지 등 모든 거래정보를 투명하게 공개해버립니다. 실명이 아니라 지갑의 주소계좌번호가 기재되어 있어 지갑의 주인이 누구인지를 특정하기 어려울 뿐이지요.

만약 범죄자가 죄를 저지르고, 그 대가로 비트코인을 받았다고 생각해 봅시다. 그는 언젠가 코인을 현금화해야 할 텐데, 대부분의 거래소가 실명인증을 요구하고 있으므로 거래소에 남은 기록에서부터 블록체인을 거꾸로 더듬어 올라가다 보면 그 흔적이 명명백백히 드러나게 되어 있습니다. 따라서 수사기관에서 어렵지 않게 범인을 잡아낼 수 있습니다.

과거 거래소의 실명인증이 강화되기 전에는 온갖 세금 회피와 돈세탁을 위한 용도로 암호화폐가 사용되었습니다만, 현재는 어렵다고 봐야 할 것 같습니다.

단, 코인 생태계가 활성화될수록 다시 탈세가 쉬워질 것이라는 전망도 있습니다. 암호화폐를 원화로 환전하지 않고, 암호화폐 송금으로 즉시 현장에서 물건을 구매할 수 있다면 거래소를 거칠 필요가 없습니다.

최근에 암호화폐로만 결제할 수 있는 고급 신발 리셀 매장이 오픈했다던데요, 신발 한 켤레에 200만 원에서 수천만 원이라고 합니다. 이런 매장들을 통하면 거래소를 거치지 않고서도 가격 대비 부피가 작아 은닉이 용이한 물건을 확보할 수 있으므로 탈세 수단으로 악용될 가능성이 있습니다.

만약 암호화폐 결제 시스템이 우리의 일상에 스며든다면 암호화폐로 음식부터 자동차까지 다양한 물건을 구매할 수 있게 될 텐데요, 이때 실명인증이 된 거래소 지갑이 아니라 개인 코인 지갑을 활용한다면 범죄수익이 세탁될 가능성이 있겠지요. 일상에서 결제할 때마다 실명인증을 요구하기는 곤란하니 말입니다.

거래내역을 완전히 익명으로 숨기려는 시도도 있습니다. 개인정보를 보호한다는 뜻에서 프라이버시privacy 코인이라고 부릅니다. 모네로 XMR나 지캐시ZEC가 대표적인 프라이버시 코인입니다.

프라이버시 코인은 복잡한 암호학 기술을 도입하여 수신인과 송신인이 누구인지 모르는 상태에서도 송금이 가능하며, 트랜잭션의 유효성 검증 또한 가능합니다. 심지어 트랜잭션 장부에서 송금 금액마저도 비공개로 돌릴 수 있는 코인도 있습니다. 암호화폐의 기술적 측면에서는 어쩌면 가장 발전한 형태가 프라이버시 코인이 아닐까요?

프라이버시 코인은 거래내역을 추적하기가 어려우므로 범죄의 수단으로 활용되는 경우가 많습니다. 이를테면 2020년 전 국민의 공분을 산 N번방(박사방) 사건에서도 가담자들은 범죄수익을 모네로로 주고받았습니다. 따라서 많은 거래소가 프라이버시 코인을 상장폐지하고 있습니다.

이 점을 유념하여 프라이버시 코인에 대한 투자는 신중하게 판단하기를 바랍니다.

믹싱 앤 텀블링 - 양지로 올라온 돈세탁 브로커

암호화폐의 거래내역이 투명하게 공개됩니다만 돈세탁이 완전히 불가능한 것은 아닙니다. 암호화폐를 활용한 돈세탁 방법론은 매우 다양하게 진화해 왔습니다. 그중 믹싱 앤 텀블링은 가장 오래된 암호화폐 세탁 기법으로, 현실 세계의 돈세탁 기법과 별반 다르지 않습니다.

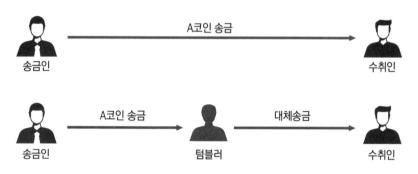

일반 송금(위)과 믹싱 앤 텀블링(아래)

믹싱 앤 텀블링은 거래내역을 숨기기 위하여 텀블러라는 중개업자를 사이에 끼고 암호화폐를 송금하는 기법입니다. 그림의 위쪽은 일반적인 암호화폐 송금절차를 표현한 것입니다. 송금인이 수취인에게 바로 코인을 송금하며, 이 송금 기록은 블록체인 장부에 기록되어 전 세계 사람들이 열람할 수 있습니다.

그림의 아래쪽은 믹싱 앤 텀블링 기법을 활용하여 송금내역을 숨기는 방법을 표현한 것입니다. 텀블러는 고객으로부터 코인을 입금받고, 입금받은 지갑과는 상관없는 다른 지갑을 활용하여 제삼자에게 코인을 입금합니다. 결과적으로 수금인의 지갑을 분석하여 입금기록을 살펴보아도 송금인의 정보를 찾을 수 없습니다. 뿐만 아니라, 고객이 텀블러에 비트코인을 입금하고, 텀블러는 수금인에게 이더리움을 입금하는 등 텀블러가 전혀 다른 암호화폐를 송금하면 더더욱 추적이 힘들어집니다.

이렇게 생각하면 텀블러가 음지에서 활동하는 범죄자처럼 느껴집니다만, 사실 대부분의 텀블링 업체는 양지에서 활동하는 벤처기업입니다. 이들은 사법당국이나 보안업체로부터 모니터링받고 있으며, 믹싱된 자금이 범죄수익의 은닉 등으로 활용될 경우 관련 기록을 수사기관에 제출하여 수사에 적극 협조하고 있습니다. 아울러 최근에는 다수의 텀블링 업체들이 서비스 사용을 위해 실명인증을 요구하고 있습니다.

그렇다면 어차피 수사기관에 모두 기록이 적발될 텐데, 믹싱 앤 텀블링은 왜 하는 것일까요? 범죄수익 은닉이나 탈세 목적 없이, 정당하게 번 돈을 송금하고는 싶지만, 프라이버시는 지키고 싶을 때 활용하면 매우 유용합니다. 텀블링 업체들도 이를 핵심 가치로 제안하고 있고요. 물론 다크웹 등의 음지에서 활동하는 텀블러도 존재합니다. 믹싱을 의뢰한 돈을 그대로 먹고 도망가버렸다는 이야기도 많더군요.

작가는 텀블러가 사법기관과 공조하여 양지에서 활동하는 것을 암호화폐 투자의 호재라고 판단합니다. 암호화폐가 신뢰를 잃어 한순간에 강력한 규제를 받을 확률이 줄어들기 때문입니다.

코인조인 – 기술 발전이 불러온 악재

비트코인의 트랜잭션에는 한 번에 한 사람의 입출금내역만 기재할 수 있는 것이 아니라, 다음 그림과 같이 한 번의 거래를 구성하는 여러 명의 입출금기록을 함께 기재할 수도 있습니다. 이 점을 활용하여 돈세탁이 가능합니다.

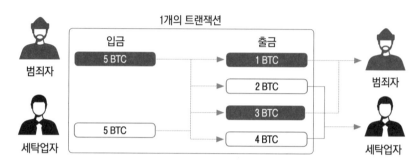

코인조인(CoinJoin)을 활용한 돈세탁 예시

그림을 좀 더 살펴보겠습니다. 범죄자는 돈세탁 업자에게 5 BTC의 세탁을 요청합니다. 이에 세탁업자는 자신의 코인과 범죄자의 코인을 하나의 트랜잭션 안에서 섞어 총 10 BTC의 입금액을 만듭니다. 그리고 이 입금액을 4개의 서로 다른 지갑으로 나눠서 출금합니다.

이 과정에서 범죄자의 지갑 1건에서 출금된 코인은 전혀 다른 지갑 4개로 희석되어 흩어지게 되며, 세탁업자가 일부 수수료를 가져가므로 범죄자의 지갑에서 출금된 금액과 세탁이 끝난 돈의 금액마저도 달라집니다. 결과적으로 수사기관이 블록체인 네트워크의 트랜잭션 내역을 하나하나 샅샅이 살펴보더라도 세탁된 자금의 흐름을 추적하기가 쉽지 않습니다.

14개의 지갑을 활용한 3단 코인조인 예시

위 그림은 14개의 지갑을 사용하여 코인조인을 세 번 실행한 예시입니다. 범죄수익 5 BTC가 여러 차례 쪼개지고 합쳐지며, 최종적으로 4.9 BTC로 세탁됩니다. 이를 하나하나 분석하기란 몹시도 어려운 일일 것입니다.

와사비 월렛Wassabi Wallet이라는 비트코인 지갑 서비스가 코인조인 기능을 탑재하고 있습니다. 와사비 월렛은 2019년, 한 개의 트랜잭션에 100명의 거래내역을 담은 코인조인을 성공시킨 바 있습니다.

코인조인 기법은 모네로의 익명성 확보 기술과 비슷한 부분이 있습니다. 모네로가 익명성으로 인해 여러 거래소와 각국의 정부로부터 제재를 당한 점을 고려한다면, 코인조인 기법 자체가 암호화폐의 투자가치를 저해시키는 커다란 리스크가 될 수도 있습니다. 거래내역이 투명하다고 알려진 비트코인조차도 100명이 합세한 코인조인이 가능하다는 사실이 증명되었으니까요.

아직은 코인조인이 큰 리스크로 부각되지는 않습니다만, 익명성의 강화는 정부의 입장에서는 범죄의 수단으로 보일 것입니다. 믹싱과 달리 참여자들의 신상명세가 수집되지도 않고요.

만약 코인조인을 활용한 자금 세탁이 커다란 범죄 사건이나 유력 인사의 탈세와 엮여 언론의 주목을 받게 된다면 프라이버시 코인이 아닌 다른 암호화폐도 각국 정부의 직접적인 규제를 피할 수 없을지도 모릅니다.

암호화폐와 관련된 기술의 발전이 오히려 암호화폐의 투자 리스크를 높여버린 사례입니다. 코인조인이 곤란하거나, 코인조인을 시도하더라도 거래내역 추적이 용이하도록 설계된 암호화폐가 있다면 이 리스크를 피해 갈 수 있을 것으로 보입니다.

현실자산과 가상자산의
경계를 무너뜨리는 NFT

CHAPTER 5

NFT가 무엇이기에 사람들이 열광할까?

초등학생이 NFT로 40만 달러를 벌었다던데요?

NFT 역시 언론을 통해 자주 들리는 용어입니다. NFT가 굉장한 도구라느니, 새로운 투기의 장일뿐이라느니 온갖 설전이 오가고 있습니다.

2021년 8월 말, 벤야민 아메드Benyamin Ahmed라는 사람이 NFT를 제작

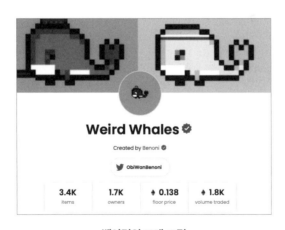

벤야민의 고래 그림

하여 40만 달러를 벌었다는 소식이 전 세계를 뜨겁게 달궜습니다. 40만 달러면 한화로 대략 5억 원가량이네요. 더욱 놀라운 사실은 벤야민의 나이가 12세에 불과하다는 점입니다.

벤야민은 직접 가상의 고래 그림을 그리는 프로그램을 코딩하였고, 이 그림으로 만들어진 3,350개의 고래 그림을 NFT로 만들어 판매했습니다. 벤야민은 "Weird Whales(이상한 고래들)"라는 이름의 컬렉션을 만들었고, 이 컬렉션은 현재에도 OpenSea(오픈씨)[1]를 통해 활발하게 거래 중입니다.

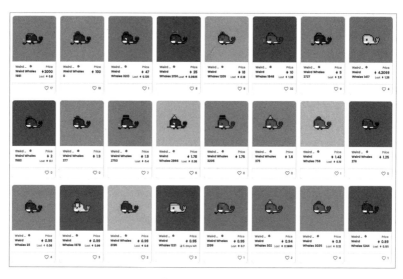

OpenSea에서 거래되는 벤야민의 컬렉션

---

1 NFT 아트 거래 플랫폼

벤야민은 5세에 처음 코딩을 시작했으며, 마인크래프트[2]를 플레이하는 데에 일생의 대부분을 보냈다고 합니다. 벤야민이 만든 소프트웨어에는 석학들이나 이해할 만한 어려운 기술이 사용되지 않았습니다. 그런데도 웬만한 경력자들보다도 더 큰 경제적 효용성을 단기간에 창출해 냈습니다.

우리는 아직 NFT가 무엇인지 잘 모릅니다. 하지만 벤야민의 사례를 살펴봤기에, NFT라는 도구는 경력이나 나이와 상관없이 번뜩이는 영감이 있는 사람에게 커다란 기회를 가져다줄 수 있는 기술이라는 점은 충분히 이해할 수 있을 것입니다.

작가가 생각하기에 벤야민이 마인크래프트 세상 속에서 쌓은 경험이 그의 업적을 이루는 데에 아주 큰 영향을 끼쳤으리라 생각합니다. 마인

Weird Whales 컬렉션에서 가장 비싼 고래 그림

---

2 Minecraft, 정육면체 벽돌을 쌓아 온갖 구조물을 만들 수 있는 오픈월드 게임의 일종

크래프트는 광활한 가상 세계 속에서 또 다른 인생을 누릴 수 있는 일종의 오픈월드 게임 플랫폼입니다. 현실 세계와 달리 가상 세계는 훨씬 더 압축된 시간 안에서 다양한 사건들이 전개되므로, 다양한 경험을 단기간에 축적할 수 있기 때문이지요. 이와 관련된 이야기는 메타버스 편에서 상세하게 다뤄 보도록 하겠습니다.

이런 소식을 접하면 직접 진위를 밝혀 보려는 태도가 투자의 기회를 만듭니다. 벤야민의 NFT 컬렉션인 Weird Whales에서 가장 비싼 가격으로 랭크된 고래 이미지를 한번 살펴보겠습니다.

752번 고래의 가격표를 상세히 살펴보면 금액이 25경 달러에 이릅니다. 한화로는 3해 원에 달합니다. 이는 대한민국 전체 통화량[3]의 6배를 뛰어넘는 금액입니다. 대한민국 1년 예산 대비 50배 큰 금액이기도 하고요.

아무리 NFT가 희소성이 있다 하더라도 대한민국 예산의 50배나 되는 금액으로 데이터 조각을 구매할 사람은 없을 것입니다. 그 정도의 예산을 그림 하나 구매하는 데 사용할 재력이 있다면 전 세계 가상화폐 네트워크를 장악하여 전 세계의 모든 NFT 소유권을 독점하고, 남는 돈으로 세계정복도 노려볼 만하기 때문이지요.

---

3 LF평잔 기준. 물리적인 현금뿐만 아니라 신용의 흐름도 포함하여 계산된 유동성으로, 실제 유통 중인 화폐의 총액보다도 훨씬 큰 금액임

다음 작품의 실거래가는 259달러가량으로, 한화로는 약 33만 원입니다. 실거래가와 호가 사이의 괴리가 1천조 배가량 벌어져 있습니다.

☰ Offers					⌃
Price	USD Price	Floor Difference	Expiration	From	
◈ 0.1018 WETH	$258.84	46% below	in 3 days	D9BEE2	

비정상적인 상황인 것 같지 않나요? 네, 맞습니다. NFT의 가격은 작품의 유명세에 비례하여 상승합니다. 그리고 유명한 작품에는 그만큼 나쁜 마음을 먹은 사람들이 달라붙기 마련입니다.

뿐만 아닙니다. 사실 벤야민이 40만 달러를 벌었다는 뉴스 기사는 잘못된 정보일 가능성이 매우 큽니다. 기사를 작성한 언론사에서 NFT의 총거래량과 창작자의 수익을 구분하지 못하여 잘못 보도된 것으로 보입니다. NFT의 창작자가 벌어들이는 실제 수익은 잠시 뒤에 고잘리의 셀카 NFT 사건을 분석하며 설명하도록 하겠습니다.

주식시장은 금융감독원이 관리하며 코인시장은 거래소가 거래를 중개하고 있는 데다 거래되는 물품이 종류물이라 가격 조작이 어렵습니다. 하지만 탈중앙화된 NFT 거래는 그렇지 않습니다. NFT 거래와 투자 리스크에 대해서는 다음 챕터에서 상세하게 설명하겠습니다.

NFT의 탄생 배경

　암호화폐는 실물화폐의 발행과 유통체계에 대한 반감으로 만들어진 도구입니다. 그렇다면 NFT는 무슨 이유에서 생겨난 기술일까요? 이를 이해하면 NFT라는 기술을 이해하고, 더 나아가 NFT가 경제적 파급력을 가지는 이유에 대해서도 쉽게 이해할 수 있을 것입니다.

　현실 세계의 자산은 크게 특정물과 종류물로 나뉩니다.[4] 특정물은 이 세상에 단 하나밖에 없는, 확실하게 특정이 가능한 물건을 의미합니다. 예를 들면 29-31번지에 있는 건물이라든가 '123가 4567'이라는 번호판을 달고 있는 자동차가 특정물에 해당합니다.

　종류물은 하나의 종류를 이루는 물건으로, 다른 물건으로 쉽게 대체할 수 있는 물건을 의미합니다. 종류물의 대표적인 예시는 돈입니다. A가 B에게 돈을 갚기로 한 상황을 상상해 봅시다. A는 액수만 맞는다면 B에게 어떤 형태로든 돈을 전달해도 됩니다. 계좌이체든 현금이든, 만 원권 지폐 다발이든 오만 원권 지폐든 상관이 없다는 뜻입니다.

　경우에 따라 콜라도 종류물이 될 수 있습니다. 여러분이 코카콜라 한 상자를 택배로 주문했습니다. 이때 판매자가 콜라병에 기재된 생산 일련번호를 고려할 필요가 있을까요? 아닙니다. 병 크기와 유통기한, 그리고 수량만 잘 맞추면 되지요. 따라서 현실에 존재하는 물건은 우리가 바라보는 관점에 따라 종류물이 될 수도 있고, 특정물이 될 수도 있습니다.

　그리고 고가에 거래되는 물건은 대부분 특정물입니다. 강남역 앞 부

---

4 채권적 관점에서의 분류임

동산, 김홍도 화백의 작품, 마르셀 뒤샹의 친필 사인이 담긴 포스터, 톰 크루즈가 입었던 셔츠 등등, 물리적인 효용성을 넘어선 부가가치가 담긴 물건들은 대부분 특정물입니다. 하이엔드급 명품 의류나 손목시계에는 시리얼 번호가 새겨져 있는 경우도 있습니다. 이 또한 단순한 패션소품을 특정물로 만들기 위한 시도로 볼 수 있지요.

왜 종류물보다 특정물이 더 비쌀까요? 이 세상에 하나밖에 없는 물건이기 때문입니다. 즉, 그 물건을 소유할 자격을 갖춘 사람이 세상에 한 명밖에 없다는 이야기이기도 하지요. 때때로 희소성은 그 자체가 가치가 되어 물건 가격에 반영되기 마련입니다.

그런데 디지털 세상의 데이터는 모두 종류물이라 볼 수 있습니다. 왜냐하면 언제든지 복사가 가능하기 때문입니다.

상상력을 한번 발휘해 봅시다. 어니스트 헤밍웨이가 모히토를 마시며 노트북을 두드립니다. 그는 아래 한글로 노인과 바다 초고를 작성하고 hwp 파일로 저장했습니다. 그리고 이메일을 통해 이 파일을 출판사에 전송합니다. 이 과정에서 초고는 2개로 복제되었습니다.

출판사에서는 내부 회의를 위해 출판사 내부 카톡방에 hwp 파일을 올렸습니다. 카톡방에는 30명이 참가하고 있습니다. 2개로 복제되었던 파일은 순식간에 30번 더 복제되었습니다. 이 상황에서, 과연 헤밍웨이가 처음 작성하여 컴퓨터에 저장해 둔 초고의 hwp 파일에는 어떤 가치가 있을까요?

아마 이 초고의 가치를 인정받고 싶다면 헤밍웨이는 노트북을 통째로 경매에 올려야 할지도 모릅니다. 그런데도 손으로 직접 작성한 원고에 비해서는 가치가 많이 떨어질 것입니다. 이렇듯 데이터에는 희소성이 성립하기 어렵습니다. 복제가 자유로우니까요.

이를 해결하여 데이터에도 희소성을 부여하고자 하는 수요는 항상 넘쳐났습니다. 특히나 콘텐츠 생산자들이 애타게 이를 원했죠. 예를 들면 인터넷 강의 제작업체들이나 음악 판매 업체들은 콘텐츠가 무단 복제되면 매우 큰 타격을 입게 됩니다. 이들은 한 번 다운로드한 파일을 다른 컴퓨터에 복제할 수 없도록 제약을 두려 했습니다. 이왕이면 세 번 이상 실행할 수 없도록 실행 횟수에도 제한을 두면 좋겠고요. 이를 위해 만들어진 기술을 DRM[5] 이라고 합니다.

DRM 기술은 의도는 좋으나 도리어 정품 이용자들만 더 큰 불편을 겪게 만든다는 문제가 있었습니다. 인터넷 강의 DRM을 예를 들어 보겠습니다. 정품 영상 이용자들은 인터넷 강의 업체와 제휴한 PMP[6] 회사에서 출시한 제품을 구매해야 했습니다. 다른 회사의 제품으로는 영상이 재생되지 않았거든요. 반면 불법 영상 이용자들은 영상을 아무 제품에서나 실행할 수 있었으며, 심지어 조금 번거롭긴 하지만 휴대폰[7]이나 게임기로도 영상을 시청할 수 있었습니다.

이처럼 데이터에 희소성을 부여하면서도 불편은 최소화하는 것은 쉬운 문제가 아니었습니다. 덕분에 1세대 웹툰 작가나 일러스트레이터들은

---

5 Digital Rights Management

6 Portable Media Player. 스마트폰이 출시되기 전 영상 콘텐츠 시청을 위해 널리 사용되던 도구

7 스마트폰이 출시되기 전, 휴대폰으로 영상을 시청하려면 별도의 인코딩 과정이 필요했으며 대부분의 인터넷 강의 업체에서 휴대폰 영상 재생을 지원하지 않았다.

자기 작품이 불법으로 복제되어 퍼지는 중에도 권리보호를 제대로 받지 못하는 등 큰 타격을 입었습니다. 당시에는 저작권법 인식이 더 약했고, 작가를 보호하는 전문 회사들이 없었으니 더더욱 힘든 상황이었지요.

소비자, 생산자, 그리고 희소한 작품을 수집하려는 수집가의 욕구가 한데 맞물리며 데이터에 희소성을 부여할 수 있는 편리한 수단에 대한 수요가 뜨겁게 달아올랐습니다. 그리고 NFT는 이 수요를 정확하게 충족시켜 줄 수 있는 기술입니다.

NFT를 활용하면 데이터에 희소성을 부여할 수 있습니다. 이것이 NFT의 핵심 가치이며, 모두가 열광하는 NFT의 경제적 가치를 파생시킨 원천입니다.

NFT의 원리

NFT는 데이터에 희소성을 부여합니다. 희소성을 인정받은 데이터는 비로소 수집의 대상이 됩니다. 수집의 가치를 인정받은 특정물은 기능성 이상의 고유한 경제적 가치를 생산하게 됩니다. 그렇기에 초등학생이 만든 그림이 4억 7천만 원어치나 팔려나갈 수 있었던 것이고요. "NFT가 엄청 비싼 가격에 팔려나가 부자가 되었다."는 뉴스 기사의 배경이 바로 이것입니다.

경제적인 효용성이 발생하는 원리는 살펴보았으니, 이번에는 NFT의 기술적인 작동 원리에 대해 간단히 살펴보겠습니다.

NFT는 블록체인 위에서 파생된 기술입니다. 블록체인은 수많은 노드가 참가하여 트랜잭션 내용을 검증하는데요, 이 검증행위를 어찌 보면 목격 내지는 증인이 되는 것으로 간주할 수도 있습니다.

NFT는 이 점에서 착안하여 만들어진 기술입니다. NFT를 발행하는 행위를 민팅[8]이라고 합니다. NFT의 T는 토큰token을 의미하는데요, 현실 세계에서 사용되던 토큰[9]도 동전처럼 생겼음에 착안하여 붙은 이름입니다. 이처럼 NFT는 코인과 비슷하면서도 다른 개념입니다.

NFT의 트랜잭션에는 아래와 같은 특별한 정보가 기재됩니다.

❶ 토큰 이름
❷ 이미지 주소(URL)
❸ 토큰 설명
❹ 토큰의 창작자
❺ 토큰의 현재 소유자

이 트랜잭션을 열람하면 토큰을 누가 만들었는지, 그 토큰의 이름은 무엇인지, 현재 소유자는 누구인지 등의 정보를 확인할 수 있습니다. 이미지 주소로 접속하면 이미지 파일도 열람할 수 있고요. 이와 같은 형태의 트랜잭션은 전 세계 누구든지 열람할 수 있으므로, 전 세계의 모든 사람이 목격자이며 증인이 되는 것입니다.

전 세계 사람들이 모두 목격자이며 증인이므로, 트랜잭션의 내용물을 바꿔치기하거나 위조할 수도 없을 것입니다. 그리하여 Non-

---

8 minting. 동전 따위를 주조하는 행위를 의미하는 영단어에서 유래

9 버스 토큰이 대표적인 예시. 옛날에는 버스에 탑승할 때 토큰을 제출하는 것으로 결제를 대신했었다.

fungible[10] Token, 즉 대체 불가능한 토큰이라는 이름이 붙은 것입니다.

NFT는 이더리움 네트워크에서 처음 구현되었고, 현재 비싼 가격에 유통되는 NFT는 대부분 이더리움 네트워크에 수록되어 있습니다. NFT에는 이미지뿐만 아니라 짧은 동영상이나 텍스트 문서의 스크린 캡처 등도 수록할 수 있습니다.

NFT를 민팅할 때, 토큰의 창작자는 파일을 제공합니다. 이 파일은 IPFS라는 특별한 프로토콜을 통하여 분산되고, 탈중앙화된 상태로 이더리움 네트워크에 저장됩니다. 이 파일저장 시스템을 한 사람이 독점할 수는 없으므로 NFT로 만들 수 있는 파일에는 용량 제한이 있습니다.

결과적으로 민팅을 통해 데이터에 창작자와 소유자가 부여되며, 이를 전 세계 사람들을 증인 삼아 블록체인 네트워크 위에 박제하는 것이 NFT의 본질입니다.

NFT는 표절을 막아주지 않습니다

박물관에 전시된 작품 옆에 여러분의 이름을 써 붙인다고 해서 그 작품의 소유권이 바뀌지는 않습니다. 왜냐하면 그 작품의 소유권을 박물관이 보증하기 때문입니다.

하지만 온라인상의 데이터는 그렇지 않습니다. 블록체인 네트워크에 기록된 NFT 트랜잭션 기록은 영원히 위조되지 않은 채로 남겠지만

---

10 fungible : 다른 것으로 대체 가능한

그 대상이 되는 데이터는 여전히 복제가 자유롭습니다.

누구든지 이더리움 네트워크 위에서 데이터를 민팅할 수 있으므로 자기 작품뿐만 아니라 타인의 작품을 복사하여 NFT로 만들어버릴 수 있습니다. 이미 NFT로 만들어져 비싸게 팔린 작품을 그대로 복제하여, 새로운 트랜잭션을 만들며 또다시 NFT를 만들 수도 있습니다.

NFT의 역할은 데이터를 위조할 수 없도록 무적의 보안시스템을 제공하는 것이 아닙니다. 오히려 작품에 붙일 수 있는 꼬리표를 하나 제공하는 것과 같습니다. 이 꼬리표를 누가 사용하고 관리하느냐에 따라, 꼬리표가 부착된 작품의 가치는 천차만별로 변합니다.

관광객 A씨가 루브르 박물관에 가서 카메라로 모나리자를 촬영합니다. 그는 집에 돌아와 이 사진을 NFT로 만들어 판매합니다. 하지만 누구도 이 NFT에 관심을 두지 않을 것입니다. 이는 진품 모나리자와는 전혀 관련이 없는 이미지이며, 소장 가치가 없다고 믿기 때문입니다.

만약 동일한 사진을 루브르 박물관 측에서 NFT로 만들고 적극적으로 홍보하면 어떤 일이 일어날까요? 박물관의 입구와 메인 홈페이지에 '진품 모나리자의 유일한 NFT 경매'라는 광고를 대대적으로 써 붙이고 홍보한다면, 아마 NFT의 가격이 천정부지로 솟을 것입니다.

동일한 그림을 NFT로 만들었음에도 둘 사이의 가치가 크게 차이 나는 이유는 NFT를 민팅하고 판매하는 주체가 다르기 때문입니다. NFT는 한낱 꼬리표일 뿐, 그 꼬리표를 판매하고 관리하는 주체의 권위가 더욱 중요하기 때문에 발생하는 현상입니다. 따라서 NFT를 판매하는 사람이 유명할수록 NFT의 가격이 올라가는 재미있는 경향성이 있습니다.

NFT가 적용된 데이터의 가치가 인정받는 이유는 표절 가능성보다는 소유권 이전 내역이 투명하게 공유된다는 점에 있는 것 같습니다. NFT의 최초 생성부터 소유권의 이전 과정이 마치 부동산의 등기부등본처럼 모두 열람할 수 있거든요.

NFT를 소유한 사람은 "내가 가진 NFT는 루브르 박물관에서 직접 발행한 NFT야!"라고 자랑할 수 있게 됩니다. 소유권 이전내역은 트랜잭션에 기록되므로, 전 세계 사람들이 증인이 되어줄 것이고요. 이것이 NFT가 수집 가치가 있는 이유입니다.

NFT를 구매하는 사람은 정말로 작품의 창작자가 직접 판매하는 NFT가 맞는지를 구매 전 여러 번 확인해야 피해를 당하지 않을 것이고요. 창작자가 직접 판매하는 NFT라 하더라도 주의가 필요합니다. 한 장의 그림으로 수십 개의 NFT를 찍어내 매각할 수도 있으니까요.

결국 NFT 투자와 코인 투자는 일맥상통하는 부분이 있습니다. 그 자체로는 경제적인 이윤을 창출하지 못하므로 펀더멘털이 없고, 오로지 구매 의사라는 심리적 요인에 의해서만 가격이 지탱되어 가격변동이 크며, 제작자의 양심에 따라 구매자들이 피해를 볼 수도 있다는 점에서 말입니다.

믿을 수 있는 보증인이 NFT를 발행하여 가치를 인정받은 사건이 있었습니다. 2021년, 간송미술관은 훈민정음해례본을 스캔하여 이 사진 자료를 토대로 100개의 NFT를 발행하였습니다. 이 NFT는 한 장에 1억 원이라는 어마어마한 가격으로 판매되었습니다.

NFT가 담고 있는 내용물이 훈민정음해례본이라는 엄청난 물건이었으며, 간송미술관이 직접 그 NFT의 진위를 보증하며 나섰으므로 가능했던 사건입니다. 내용물이 평범했거나, 간송미술관의 명성이 낮았거나, 간송미술관이 폐업 우려가 있는 작은 기관이었다면 이 NFT의 가치는 1억 원에 도달하지 못했을 것입니다. 아울러, 만약 보증 기관이 폐업하여 더 이상 보증역할을 수행할 수 없는 상황이 발생한다면 NFT의 가치가 폭락할 수도 있습니다.

이처럼 NFT의 발행과 보증을 책임지는 기관의 신뢰도가 NFT의 가격을 견인한 사례가 굵직한 선례로 남아버렸습니다. 따라서 투자 또는 소장 목적으로 NFT를 구매하려는 분들이라면 보증인의 신원이 명확한 NFT를 구매하는 것으로 리스크 회피를 시도해 볼 수 있겠습니다.

패션업계의 NFT 참전, 오히려 짝퉁 시장을 키울 수도 있다고?

블록체인의 가장 큰 산업적 가치는 위조 불가능한 장부를 제공한다는 점일 것입니다. 비트코인은 트랜잭션 위에 거래 내역과 간단한 메시지만 담을 수 있었습니다만, 이더리움과 NFT 기술의 등장으로 트랜잭션 위에 거의 모든 종류의 데이터를 담을 수 있게 되었습니다.

따라서 NFT의 본질은 온갖 형태의 데이터에 위조 불가능한 증명을 덧댈 수 있다는 점에 있습니다. 단순히 이미지 파일을 비싼 값으로 거래하기 위한 용도가 아니라요. NFT를 산업계에서 어떻게 활용하고 있는지 간략히 살펴보도록 하겠습니다.

패션업계에서는 짝퉁과 진품을 구분하기 위하여 NFT 기술을 도입했습니다. 국내의 경우 코오롱 FnC의 사례가 대표적입니다. 2021년 11월에

이 업체는 빨간색 패딩 제품군을 대상으로 클레이튼 기반의 NFT 보증서를 발급하였습니다. 구매자들은 카카오톡의 암호화폐 지갑인 클립KLIP에서 보증서를 열람할 수 있고요. 여기에 재미있는 점이 있는데요, 이 보증서 또한 NFT이므로 경매 사이트에 매물로 등록한 고객도 있었습니다.

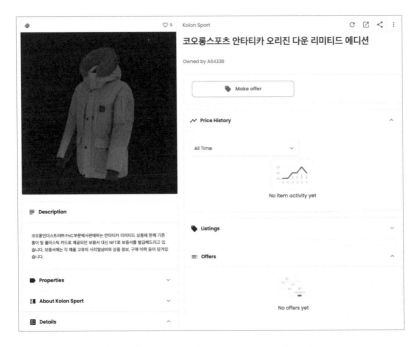

NFT 경매 사이트에 올라온 코오롱 패딩 보증서

쓱ssg닷컴에서는 명품 구매자들을 대상으로 NFT 보증서를 발행하고 있습니다. 전체 고객 중 25%가량이 NFT 보증서를 발행해 주는 제품을 우선하여 구매했으며, NFT 보증서를 제공하는 제품의 매출이 110%가량 증가했다고 합니다.

이 NFT를 타인에게 양도하거나 판매하면 정품이었던 패딩이 가치를 잃어버리는 것일까요? 짝퉁을 입은 사람도 이 NFT를 구매하면, 정품의 가치를 획득하게 될까요? 전혀 그렇지 않습니다.

뿐만 아닙니다. 위조가 불가능하다는 NFT의 특징이 또 다른 범죄의 수단이 될 수도 있습니다. 현재 NFT 보증서는 투자가치가 거의 없다고 여겨지고 있어 공짜에 가까운 가격으로 구매가 가능합니다. NFT 보증서를 구매한 다음, 중고장터에 짝퉁 명품을 판매하면서 NFT 보증서를 제시하면 어떻게 될까요?

NFT에는 발행인이 누구인지 기록되어 있습니다. 구매자가 NFT를 열람하면 정품 제작사가 해당 NFT를 발행했다는 기록이 뜨겠지요. 소비자 입장에서는 구매한 중고 제품이 짝퉁인지 진품인지 구분하는 것이 더욱 어려워질 것입니다.

NFT가 가상의 데이터에 현실적 가치를 부여하게 되면서 현실 세계에도 NFT가 영향을 끼칠 수 있을 것이라는 일반인들의 기대가 있습니다만, 이 기대가 허상일 수도 있음을 나타내는 사례입니다. 가상 세계의 NFT 가치는 현실 세계의 물건에 의존하지만, 현실 세계의 물건은 NFT 따위 없어도 그 본질적인 가치를 인정받습니다. 이에 주의가 필요합니다.

제 사진을 판매합니다

인도네시아의 대학생 고잘리Ghozali는 자신의 셀카 933장을 NFT로 만

고잘리의 컬렉션

들었고, 한 장에 0.001 ETH[11] 가격으로 판매 등록했습니다.

깊은 뜻이나 별다른 의도가 있었던 것은 아니었다고 합니다. 그런데 고잘리의 NFT는 어느 순간 유명세를 치르더니, 갑작스레 많은 사람이 찾아와 사진을 구매하기 시작했습니다. 결국에는 일종의 투기 현상까지 벌어지더니 일부 사진들의 가격은 2,000배가량 치솟기도 했습니다.

NFT를 잘 이해하지 못 한 언론사들이 고잘리가 14억 원을 벌었다고 보도했는데요, 이는 사실이 아닙니다. 고잘리의 사진은 지금까지 총 396 ETH[12]만큼 거래되었습니다. 고잘리가 번 수익금은 933장의 NFT를 직접 판매하여 벌어들인 0.933 ETH와, 총거래량의 2.5%에 해당하는 창작자 수수료 10 ETH입니다. 이를 현재 환율로 환산하면 고잘리의 실제 수

---

11 약 2,600원(2022년 5월 17일 환율 기준)
12 약 10억 원(2022년 5월 17일 환율 기준)

익금은 한화로 약 3,000만 원입니다. 14억 원이라는 수치와는 큰 차이가 있습니다.

같은 이유로 앞서 언급한 벤야민 아메드의 고래 NFT 수익도 40만 달러가 아닐 가능성이 큽니다. 총거래량과 수익을 구분하지 못한 일부 언론인들의 실수와 오류가 있는 기사를 무책임하게 베끼기만 한 기자들이 만든 웃지 못할 해프닝입니다.

수익성이 수십 배 부풀려진 과장된 기사들이 쏟아지고 일반인들은 이를 접하며 경악합니다. 누군가의 실수가 일으킨 나비효과가 우리의 팍팍한 삶에 잔잔한 파장을 일으켜 NFT라는 거대한 필드에 지금 뛰어들지 않으면 또 벼락 거지가 되어버릴지도 모른다는 불안감을 심어주는 것은 아닐까요? 나름 IT 강국이라 소문난 한국에서도 이럴진대, 인도네시아의 언론사 분위기도 크게 다르지 않았을 것으로 생각됩니다.

로또복권만 당첨되어도 날파리들이 엄청나게 꼬인다던데요. 부디 전 세계 언론사에 "14억을 번 22살 청년!"이라는 기사가 송출된 고잘리의 일상이 피곤해지지 않기만을 바랄 뿐입니다. 로또 당첨자는 통장에 20억 원 이상의 현금이라도 들어 있지, 잘못된 소문이 퍼져 주변인에게 돈으로 시달릴 수도 있다고 생각하면 너무 안쓰럽습니다.

고잘리의 NFT를 구매한 사람들의 행보 또한 주목할 만합니다. 고잘리는 인터뷰에서 부디 자기 얼굴로 너무 심한 짓을 하지 말아 달라고 밝혔습니다. 법리적으로도 사람들은 토큰의 소유권을 구매한 것이지 사진이 담고 있는 저작권이나 초상권을 구매한 것은 아닙니다. 훈민정음해례본의 NFT를 구매한 사람들이 훈민정음해례본 실물 책의 소유권을 요구하거나 페이지를 찢어 달라고 요청할 수 없는 것과 마찬가지로요. 그런데도 NFT를 구매한 사람들이 고잘리의 얼굴을 티셔츠에 인쇄하거나, 매장 홍보에 사용하거나, 밈meme을 위한 합성사진의 재료로 사용하고 있습니다.

NFT에 대한 기사를 작성하는 언론사도, NFT 생태계에 직접 참여하여 돈을 지불하는 사람들의 인식도 대단히 부족한 것이 현재 상황입니다. 향후 NFT가 안정적인 자산 증식 수단이나 투자대상으로 자리잡기까지는 아직 넘어야 할 산이 많은 것 같습니다.

NFT로 성추행 메시지를 박제한 사례

대체 불가능성이라는 특성과 전 세계 사람들이 열람할 수 있다는 NFT의 특징을 살린 재미있는 사례가 있습니다. 트위터 유저 AshleyDCan은 암호화폐와 NFT 커뮤니티의 유명 인사입니다. 그런데 그녀는 지속적인 성희롱에 시달려왔다고 합니다. 몇몇 악성 남성 팬들이 트위터 DM[13]으로 자기 성기 사진을 찍어 자꾸만 보내왔다고 하네요.

그녀는 자신에게 성기 사진을 보내온 사람들과의 채팅 내역을 캡처하여 NFT로 발행하고, "Dick of shame"이라는 컬렉션을 만들어 판매등록을 해버렸습니다. 불특정 다수에게 불쾌감을 줄 수 있어 성기에는 모자이크 처리를 했지만, 성희롱범의 얼굴은 전혀 가려주지 않았고요.

....

13 Direct Message, 다른 사용자와 1:1로 채팅할 수 있는 기능

애슐리의 트위터 메인 화면 캡처

전 세계에 성희롱범의 얼굴과 몸을 박제하며 그녀는 "자신의 치부를 세상에서 지우고 싶다면 NFT를 구매해서 직접 소각하라."는 의미심장한 한 마디를 남겼습니다.

NFT의 위조 불가능성을 활용하여 누군가의 신상정보를 박제해버린 사건은 많은 사람에게 충격을 안겨줬습니다. 이 사건을 두고 수천 개의 댓글이 달리는 등, 매우 뜨거운 논쟁이 오갔습니다. 범죄자가 NFT를 구매하기 전에 미리 NFT를 구매하여 비싼 가격에 판매등록을 해 두면 큰 돈을 벌 수 있지 않으냐는 의견도 있습니다.

대한민국에서는 통신매체이용음란죄 및 모욕죄로 기소될 수 있으니 절대 따라 하지 맙시다. 타인에게 혐오감을 줄 수 있는 콘텐츠를 전송하는 것 역시 통매음[14]이 성립하므로 그 역시도 따라 하지 말고요. 그뿐만 아니라, 애초에 법원 바깥에서 사적인 제재를 하는 것은 불법입니다. 성적인 사진이 아니더라도 함부로 타인의 명예를 실추시킬 수 있는 사실을 공표하는 것은 매우 위험한 행위입니다. 허위라면 허위사실 유포에 해당하고, 진실이라면 명예훼손에 해당하기 때문입니다.

이 사건 이후 누군가의 원한이나 범죄사실을 NFT로 박제하여 전 세계에 퍼뜨리는 사건이 추가로 발생할 것인가를 유심히 살펴봐야 할 것입니다. 이는 많은 국가에서 범죄행위이며, 법원의 판결이 아닌 개인적인 심판은 억울한 사람의 명예를 실추시킬 수도 있는 중대사이기 때문입니다. 관련 범죄나 이슈가 자주 벌어진다면 암호화폐처럼 NFT도 강력한 규제를 받을 수 있으며, 이는 곧 투자자의 손실로 이어질 수 있는 사안입니다.

마크 저커버그, "인스타그램을 NFT 거래소로"

2022년 3월 15일, 메타Meta의 CEO 마크 저커버그는 텍사스 오스틴에서 개최된 SXSW[15]에 참석하여 중대 발표를 합니다. 바로 인스타그램에

---

14 통신매체이용음란죄
15 South by Southwest의 약자로, 미국 텍사스주 오스틴에서 개최되는 영화, 음악 등 미디어와 관련된 컨퍼런스다.

SXSW에서 NFT 도입을 발표하는 저커버그

NFT를 도입하는 것이 확정되었다는 소식을 알렸습니다.

이 소식이 발표되자마자 메타의 주가는 크게 요동쳤고, 이틀 만에 9.5%나 상승했습니다. 일각에서는 메타가 다시 예전의 위상을 되찾는 것이 아니냐며 설레발치는 사람도 있습니다. 다만, 아직 예전의 영광을 되찾으려면 주가가 두 배는 뛰어야 하므로 투자에는 신중하게 임하기를 바랍니다.

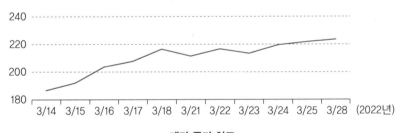

메타 주가 차트

이처럼 NFT는 증권시장에서 마치 마법의 단어처럼 사용되곤 합니다. 국내 기업이 NFT를 언급하면 상한가를 찍는 것도 비슷한 현상이고요. 그만큼 NFT라는 단어가 대중의 투기 심리를 자극하는 이미지로 정착했음을 보여주기도 합니다.

사실 저커버그는 작년부터 인스타그램에 NFT를 검토할 수 있음을 알려왔습니다. 곤두박질치는 주가를 방어하기 위해 메타버스와 NFT라는 핫 키워드에 편승하기로 했다는 분석이 국내 경제지의 주된 입장입니다.

포춘Fortune지에 따르면, 저커버그는 "메타가 준비 중인 메타버스 플랫폼에서 아바타가 입을 옷도 NFT로 만들 수 있게 되기를 바란다."라는 입장을 밝혔다고 합니다. 그렇게 되면 메타버스 플랫폼 속의 재화인 옷이, 플랫폼 밖으로 빠져나와 외부의 경제에 영향을 미칠 수 있게 되므로 현행법상 대한민국에서는 서비스가 불가능할 것입니다.

대한민국뿐 아니라 다른 국가들도 비슷한 규제가 있을 텐데요, 메타가 어떻게 규제의 정글을 헤쳐 나가는지 관심을 두고 살펴보기를 바랍니다. 만약 메타가 뾰족한 해답을 들고 온다면, 다른 게임 업체들도 앞다투어 NFT를 적극적으로 도입할 테니 말입니다.

CHAPTER 6

NFT, 현실 세계와 메타버스 세계의 징검다리

메타버스의 대두와 가상 자산을 향한 뜨거운 관심

메타버스라는 키워드가 달아오르며 함께 대두된 토픽이 있습니다. 바로 "메타버스 세상 속의 가상 자산에도 가치가 있는가?"입니다.

온라인 게임을 하며 자란 세대는 당연히 가상 세계의 데이터에도 자산 가치가 발생할 수 있다고 믿을 것입니다. 하지만 전통적인 금융관이나 법리로는 가상 세계의 데이터를 자산으로 인정할 근거가 부족합니다.

덕분에 관련 커뮤니티에서 많은 논의가 오가고 있었습니다만, 정부가 정책적 답변을 내놓기도 전에 세컨서울2nd Seoul이라는 베타 서비스가 출시되었습니다.

세컨서울은 가상 세계의 서울 부동산을 잘게 쪼개어 나누어 가지는 플랫폼입니다. 인기 지역에는 기업들의 광고를 유치하여 땅 소유주에게 광고수익을 나눠주는 형태의 플랫폼으로, 오픈 당시 부동산 타일 한 조각이 만 원가량에 판매되었습니다.

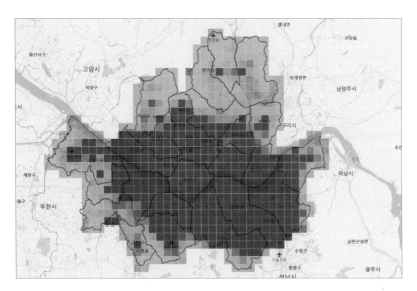

세컨서울 화면

정식 오픈 전, 세컨서울 팀은 사전청약을 통해 부동산 타일을 받아볼 수 있도록 이벤트를 열었습니다. 이 이벤트는 1인당 청약권 한 장을 나눠주되, 카카오톡을 통해 지인 한 명을 초대할 경우 청약권을 한 장 더 나눠주는 방식으로 이벤트가 진행되었습니다.

세컨서울 프로젝트는 메타버스 관련 커뮤니티에서 '흙수저들의 마지막 희망'이라는 타이틀까지 얻으며 인기를 얻었고, 서버가 마비될 정도로 많은 청약이 몰리기도 했습니다. 메타버스 속의 부동산이 가치가 있는지, 있다면 그 물량을 누가 받아줄지에 대한 고려가 발생하기도 전에 투기적 심리가 작동한 것입니다. 덕분에 세컨서울 운영사의 지분 100%를 소유한 모회사인 엔비티는 잠시 상한가를 찍기도 했고요.

그러나 정식 오픈 이틀 만에 세컨서울은 서비스를 종료합니다. 결제 모듈에 보안상 이슈가 있었으며, 본사에서 개발진을 투입하여 더 완성도 있는 프로젝트로 돌아오겠다는 메시지와 함께요. 구매한 모든 부동산은 수수료를 포함하여 환불 처리되었다고 합니다.

이에 대한 반응은 각양각색이었습니다. 뜨거운 기대를 받았기 때문일까요? 세컨서울 서비스 종료를 두고 가상 부동산 사기라는 주장과 함께 청와대 국민청원까지 올라왔습니다.

가상의 부동산이 자산으로 인정받을 수 있는지와 관련된 규제나 법령, 판례가 만들어지기도 전에 세컨서울은 공식 서비스를 중단했습니다만, 국민청원에 담긴 분노를 살펴보니 가상의 부동산도 자산으로 인정하는 것이 국민 정서와 맞닿아있는 것으로 보이기는 합니다.

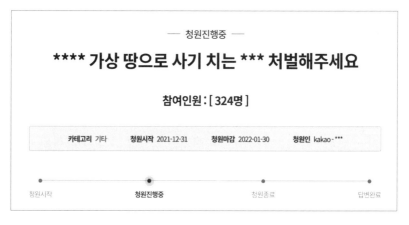

서비스명과 회사명이 관리자에 의해 가려진 세컨서울 국민청원 캡처화면

하지만 가상의 데이터를 자산으로 인정하는 데에는 신중해야 합니다. 만약 정부가 세컨서울의 가상 부동산 타일을 자산으로 인정하거나, 비슷한 취지의 판례가 등장하면 어떤 문제가 생길까요?

세컨서울의 운영사는 타일을 마음대로 생성할 수 있습니다. 즉, 세컨서울 운영사가 자산을 마음대로 복제할 수 있다는 이야기입니다. 따라서 일개 기업이 자산을 마음대로 복제하여 중앙은행의 기능을 위협하는 상황이 벌어집니다.

탈중앙화되어 공정하게 코인이 발행되는 비트코인도 이렇게 심한 규제를 받는데, 그보다 자유로운 자산발행이 가능해진다면 사회적 파급력은 생각해 볼 것도 없겠지요. 따라서 가상자산의 자산 인정 여부는 중대한 문제입니다. 행정부와 법원, 그리고 국민의 심사숙고 끝에 신중하게 결정할 문제가 아닐까요?

그런데 NFT가 등장하면서 이런 신중한 판이 박살 나기 시작했습니다. '가상 자산의 현실 가치를 인정할 수 있는가?'에 대한 논의도 아직 부족한데, NFT 때문에 '현실 자산의 가치를 가상 세계로 옮길 수 있다!'라는 믿음이 생기며 투기가 벌어졌거든요. 훈민정음 NFT 사례를 떠올려 보며, 이에 대해 조금 더 상세하게 살펴보도록 하겠습니다.

현실 세계의 자산을 가상 세계로 옮겨도 되는 건가요?

훈민정음해례본 NFT는 1개에 1억 원에 판매되었습니다. 그리고 머지않은 미래에, NFT가 적용된 메타버스 세상이 우리 눈앞에 도래한 상황을 상상해 보겠습니다.

훈민정음 NFT의 소유주는 메타버스 속 가상 세계에 박물관을 만들고 훈민정음 NFT를 전시할 수 있겠지요. NFT로 증명되는 진품 훈민정음 NFT를 구경하기 위해 많은 사람이 입장료를 지불하면서 방문할 수도 있을 것이고요.

사람들의 수집 욕구 또한 엄청나게 자극할 수 있을 것입니다. 메타버스 세상 속의 가상 저택 벽에, 흔하디흔한 그림이 아닌 진품 NFT 그림이 걸려 있다면 무척이나 자랑거리가 되지 않을까요? 더군다나 훈민정음해례본이라는 역사적 유물 NFT가 집안에 장식물로 걸려 있다면요? 이는 많은 사람의 부러움을 살 것입니다.

이와 같은 현상 덕분에 메타버스 세상이 보편화될수록 실물자산을 토대로 만들어진 NFT의 가치가 상승할 것이라 예상해 볼 수 있겠습니다. 이것이 2021년 메타버스 열풍이 불던 시기에 NFT와 관련된 분야의 가격이 급격하게 치솟았던 가장 큰 이유 중 하나입니다.

현실 자산의 가치가 가상 세계로 옮겨가는 현상을 다른 관점에서 살펴봅시다.

현실 세계의 자산을 토대로 만들어진 NFT는 실물 자산의 가상 세계 속 그림자라고 생각할 수 있습니다. 그 본질은 가상 세계 속에 존재하는 데이터 그 자체입니다. NFT가 그 자체로써 수집이나 거래의 대상이 되어 높은 가격에 판매되는 현상 자체에는 문제가 없습니다.

그런데 NFT가 메타버스 서비스와 연계되면서 문제가 생기게 됩니다. 메타버스 세상 속에서 활용이나 거래가 가능한 데이터 조각이, 현금과 교환할 수 있는 실물 가치를 인정받게 되는 것이니까요. 실질적으로 메타버스 세상 속의 가상자산의 현실 가치를 인정하는 것과 다를 바 없어지는 몹시 복잡한 상황이 되었습니다.

그렇다고 메타버스 서비스들이 NFT를 사용하지 못하도록 규제를 하는 것도 웃긴 이야기입니다. NFT 그 자체의 본질은 데이터에 소유권을 부여하는 토큰일 뿐이니까요. 이 사태는 NFT로 인해 발생한, 지금까지 발생한 적 없던 새로운 경제적 현상을 기존의 법규가 따라잡지 못하여 생기는 현상이라 할 것입니다.

아직은 판례조차 부족하지만, 아마도 조만간 NFT의 등장으로 인해 판사님들도 곤란해질 것입니다. 관련된 규제도 법규도 판례도 마련되지 않은 혼란의 시기에 우리는 어떻게 행동해야 기회를 놓치지 않으면서도 리스크를 회피할 수 있을까요?

NFT로 인해 현실 세계의 자산과 가상 세계의 자산이 뒤섞이며 발생하는 문제들의 판단 기준이 될 만한 사례를 살펴보도록 하겠습니다.

메타버스 세상 속 아이템은 자산이 될 수 있을까요?

냉정하게 평가하자면, 현재까지 공개된 메타버스 서비스는 일종의 온라인 게임의 하위호환이라 할 수 있습니다. 평범한 온라인 게임에서 여러 가지 재미 요소를 삭제하면 요즘 뜨는 메타버스 서비스가 만들어지는 것이지요. 그렇기에 온라인 게임과 관련된 판례들이 메타버스 세상에서 발생할 갈등의 판단과 해결 기준이 될 가능성이 높습니다.

게임 아이템은 모든 종류의 가상자산 중 가장 유구한 역사를 갖고 있으며, 가장 많은 사람의 참여가 있는 분야입니다. 그만큼 게임 아이템과 관련된 갈등과 분쟁의 역사 또한 매우 깊은 편입니다.

게임 아이템을 두고 게임 속에서 갈등이나 분쟁이 벌어지는 것은 어찌 보면 당연한 현상입니다. 현금으로 게임 아이템을 거래하는 것 역시 전혀 낯설지 않습니다. 90년대에는 게임 아이템을 빼앗기 위하여 현실 세계에서 폭행을 가한 사례도 있습니다. 우리의 심정적으로는 게임 아이템은 확실한 자산입니다.

하지만 정부와 법조계의 입장은 달랐습니다. 게임 아이템이나 게임 머니의 금전적 가치를 인정할 경우 게임 아이템을 무한정 복제할 수 있는 게임사가 화폐 발행 권한을 가지는 것과 다름없기 때문입니다.

이런 이유에서 온라인 게임 속의 모든 아이템과 게임머니, 그리고 계정의 소유권은 게임사가 보유하는 것이며, 게임의 사용자는 사용권계약[1]을 통해 이를 빌려서 사용하는 것이 일반적인 해석이었습니다. 아직도 이와 관련된 내용은 많은 온라인 게임의 약관에서 찾아볼 수 있습니다.

따라서 게임 아이템이나 게임머니, 게임 계정의 현금 거래는 불법이었습니다. 규제가 한창 강화되던 시절에는 미성년자의 게임 아이템 거래 중개 사이트 접근이 차단되기도 했습니다. 뿐만 아니라 사업자등록 없이 세금을 내지 않고 게임 속 재물을 현금으로 거래하는 행위 또한 불법으로 규정했습니다.

---

1 특정한 권리나 서비스를 타인이 사용할 수 있도록 하는 계약

이 기조가 그대로 인정된다면 메타버스 세상 속의 데이터 또한 현금 거래가 불법이 되며, 소유권도 메타버스 서비스 운영사에 귀속됩니다. 훈민정음 NFT를 국내 메타버스 서비스로 불러와 전시하면, 그 훈민정음 데이터의 소유권이 메타버스 회사에 귀속되는 아이러니한 결과가 만들어지게 됩니다.

법률적인 견해는 논리적으로는 맞아 보입니다만, 실제로 게임 아이템의 가치가 몹시 희소하여 현금을 주고받으며 거래되던 실정과는 맞지 않습니다. 당연히 관련 문제가 많이 발생했으며, 소송도 여러 건 발생했습니다. 덕분에 판례는 어느 정도 정립이 되었지요.

법원의 견해에 따르면 게임 속의 아이템이나 게임머니는 세금 징수의 대상이 되는 세법상 재산이고[2], 아이템이나 게임머니로 범죄를 저지른 경우 이를 압수 가능한 범죄수익으로 보고 있습니다.[3] 하지만 아이템의 현금 환전 적발 시 계정을 삭제하는 약관의 적용이 적법하다고 판단하는 등[4], 게임 사용자가 아이템의 소유권을 갖고 있지 않다는 견해 또한 확고합니다.

이는 메타버스 서비스라고 해서 다르게 적용되지는 않을 것으로 보입니다. 기존에도 캐릭터의 채팅 기능만 있고 다른 기능은 없는, 현재의 메타버스 서비스와 별반 다르지 않은 서비스들도 게임으로 분류되어 게임산업법의 규제를 따랐습니다. 메타버스라는 이름을 달고 나왔다고 해

---

2 대법원 2012.4.13. 선고 2011두30281

3 대법원 2014.7.10. 선고 2014도4708

4 대법원 2011.8.25. 선고 2009다79644

서 게임 관련 규제 적용을 예외로 두지는 않을 것 같습니다.

지금 메타버스는 채팅과 영상통화기능 정도뿐이지만, 누군가 '퍼즐 기능이 있는 메타버스', '격투 기능이 있는 메타버스', '모험과 사냥 기능이 있는 메타버스' 등 명백히 게임임에도 메타버스라 주장하며 상품을 출시하며 게임법을 피해 갈 수도 있기 때문이지요.

결론적으로 메타버스 세상 속의 아이템 또한 모든 소유권이 운영사에 귀속되고, 사용자의 소유권은 인정되지 않을 것으로 생각됩니다.

가상 자산의 소유권을 사용자에게로!

게임 아이템은 공짜가 아닙니다. 온라인 게임에서 아이템을 얻기 위해 게이머는 장시간 시간과 노력, 그리고 금전을 투입해야 합니다. 대부분 온라인 게임에서 최고의 성능을 가진 아이템은 획득하기까지 몇 달이 걸리기도 합니다.

내가 전기세 내면서, 반년씩 고생해서 만든 아이템인데, 내 소유가 아니라고요?

그렇기에 게이머들의 심정적인 반발은 항상 가라앉지 않고 날이 서 있는 상황입니다. 이 문제는 모두 게임 운영사가 게임 아이템을 복제할 수 있는 데에서 출발합니다. 그렇다면, 게임 아이템을 NFT로 관리하여 복제나 위조되지 않도록 만들면 해결될 문제가 아닐까요?

사용자가 아이템을 획득하는 과정이나 방법, 확률을 공정하게 만든 뒤 수정하지 않고 내버려 두면서, 사용자가 아이템을 획득하는 순간 NFT를 사용자의 계정과 연동된 암호화폐 지갑으로 전송하는 것입니다. 이렇게 하면 아이템 소유권이 확실하게 사용자에게 귀속되고, 소유권의 증명은 NFT와 블록체인이 수행하게 됩니다.

이처럼 서비스 내부의 정보를 서비스 외부의 블록체인 위에 기록하는 서비스 방식을 분산형 앱Decentralized Application, 또는 줄여서 디앱DApp이라 부릅니다. 디앱으로 만들어지는 새로운 웹 생태계를 웹 3.0이라고 부르고요.

웹 3.0 세계의 게임은 아이템이나 게임머니를 게임 외부의 블록체인에 NFT 형태로 저장하므로, 명백히 소유권이 사용자에게 귀속됩니다. 웹 3.0을 적용한 메타버스 세상 속의 데이터도 마찬가지입니다. 기존의 법리와 달리 NFT라는 형태로 소유권이 게임 외부에서 증명되어버렸기 때문에 여기에는 법률적 재해석의 여지가 없습니다.

그래서일까요? 대한민국 게임물관리위원회는 NFT 기술이 적용된 게임을 사행성이 있다며 금지하고 있습니다. 위메이드 장현국 대표는 지스타2021 현장 기자간담회에서 "한국은 게임 속의 재화나 가치가 게임 밖으로 튀어나올 수 있는 형태면 모두 사행성으로 규정"한다고 발언했습니다. 게임 관련 언론 매체에서는 이런 규제를 가진 국가는 대한민국이 유일하다고 소개하고 있습니다.

적어도 대한민국에서는 메타버스 세상 속의 재화에 대한 소유권을 인정받는 것이 불가능할 수도 있겠네요. NFT가 적용된 디앱 서비스들도 운영이 불가능하고요. 규제가 유일한 문제가 아닙니다. 실제로 한국에서 시도한 게임 디앱 서비스의 실적이 지지부진합니다.

한빛소프트는 브릴라이트 사를 인수했습니다. 브릴라이트는 2018년 ICO를 하며, 게임 NFT를 위한 블록체인 솔루션을 만들겠다고 발표했습니다. 게임 아이템을 브릴라이트 NFT로 만들어, 하나의 아이템을 여러 게임 플랫폼을 오가며 사용할 수 있게 만들겠다는 시도였습니다.

하지만 브릴라이트는 코인 가격 상승도 실패했고, 메이저 거래소에 상장하는 데에도 실패했으며, 다양한 게임사와의 제휴 또한 실패했습니다. 한빛소프트는 결국 브릴라이트의 지분을 전량 매각했으며 이 사실

NFT, 현실과 메타버스의 징검다리

은 2020년 9월에 뒤늦게 알려졌습니다. 2021년까지만 버텼더라면 훨씬 더 높은 가격에 지분매각이 가능했을 텐데 아쉽습니다.

그래서 기회는 어디서 잡아야 하나요?

상장기업마저도 시류를 제대로 따라잡지 못해 큰 손해를 봤습니다. 이런 상황에서 우리는 어떻게 기회를 잡아야 할까요? 우선 국내는 명백한 규제가 자리 잡고 있으므로 큰 기회를 탐색하기가 쉽지 않아 보입니다.

한국 게임업계가 주춤하는 사이, 남들보다 빠르게 해외 서비스로 눈을 돌려야 합니다. 해외의 웹 3.0 기반 메타버스 시스템 중에서 NFT 재화 연동이 가능한 서비스들을 점찍어두고, 그 서비스에서 사용할 수 있는 NFT에 투자한다면 적어도 다른 한국인들보다는 빠르게 기회를 잡을 수 있을지도 모릅니다.

이왕이면 이더리움이나 폴리곤 같은 메이저 NFT 블록체인 네트워크와 호환되는 서비스를 선택해야 하며, 다른 메타버스 서비스나 온라인 게임과 서로 NFT를 주고받으며 연동시킬 수 있다면 더더욱 좋습니다.

이뿐만 아니라 MBC의 클립 NFT나 문화재 NFT 등을 구매한 분들도 언제든지 해외로 NFT를 처분할 준비를 해두는 게 좋겠습니다. 국내에서는 게임업계뿐 아니라 다른 애플리케이션에도 강한 규제가 적용될 가능성이 있기 때문입니다.

관련 규제가 없는 해외의 서비스들은 어떤 모습으로 발전할까요? NFT의 활약으로 현실 세계의 자산 가치가 조금씩 가상 세계로 복제될 가능성이 클 것입니다. 간송미술관이 NFT를 활용하여 한 번에 수십억 원을 번 사건에는 해외의 박물관들도 관심이 있을 것입니다. 문화유산 이라는 압도적인 실물가치를 기반으로 한 NFT들이 가상 세계로 유입될 가능성이 매우 클 것으로 예측해볼 수 있겠습니다.

이뿐만 아닙니다. 오프라인 유명 업체와 콜라보레이션하는 메타버 스 서비스도 늘어날 것입니다. 예를 들어, 메르세데스 벤츠를 구매하며 받은 NFT를 등록하면 메타버스 세상 속에서 탈 수 있는 벤츠 차량을 주 는 등의 이벤트를 쉽게 상상해 볼 수 있겠지요?

프리미엄 브랜드들은 현실과 가상 세계 모두에서 품격을 제공하며 돈을 벌 것이며, 메타버스 서비스 운영사는 브랜드 가치를 빌려와 많은 사용자를 확보하려고 시도할 수 있을 것입니다. 만약 이런 상상이 현실 이 될 것이라 믿는다면, 명품이나 고급 자동차를 구매하면 발급해 주는 보증서 NFT를 미리 사재기해 두면 큰 기회를 잡을 수 있을지도 모르겠 습니다.

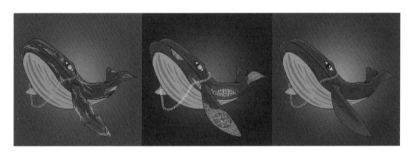

유일한 것일수록 가치는 올라간다

'포켓몬 GO'와 같은 게임에서 수집한 포켓몬을 NFT로 관리하여, 전 세계에 한 마리밖에 없는 나만의 소중한 애완동물을 키우는 UX를 제공할 수도 있겠네요.

또 어떤 변화가 가능할까요? 지금까지의 논의와는 정반대로, 현실자산에 준하거나 동등한 가치를 가상자산에 부여하려는 시도도 많아질 것입니다. 한마디로 가상의 NFT를 구매하기 위해 지갑을 열 사람이 많아질 것이라는 뜻입니다.

아마 세컨서울과 같은 서비스가 점점 더 자주 출시될 것입니다. 가상자산을 구매하고 판매하는 기능밖에 없으므로 게임이 아닌 메타버스 플랫폼을 지향하며 규제를 피해 갈 가능성이 크지요.

그런데 사실 가상의 부동산을 구매하는 기능밖에 없음에도, 전 세계 유저들이 열광하는 게임이 있습니다. 국내에는 '부동산 타이쿤'으로 알려진 'LandLord'가 바로 그 게임입니다. 작가 또한 게임 속 부동산을 구매하기 위해 100만 원 가까이 결제한 경험이 있습니다. 세컨서울과 달리 아무런 수익 창출 기회가 없었음에도 말입니다.

이것이 게임성의 위력입니다. 겉보기에는 전혀 재미 요소가 없어 보이는 게임을 메타버스라며 출시하고, 그 안에서 경쟁심과 수집 욕구를 자극하는 것만으로 사용자들은 집착에 가까운 욕심을 느끼게 되며 현금을 지불하는 경향이 있습니다. 작가가 직접 당해봐서 잘 압니다. 똑똑하고 나쁜 사람들! 여기에 NFT로 데이터의 소유권까지 보장해 준다면, 인기가 없을 수 없겠지요.

이 시점까지 도달하면 정부의 NFT 게임 규제는 유명무실해질 것입니다. 게임성이라 부를 만한 요소가 경쟁심뿐이라면, 이를 게임으로 규정하기란 몹시 어렵기 때문입니다. 경쟁심의 표현을 게임성으로 규정하여 일괄적으로 게임이라 규제하려면 음악 스트리밍 서비스의 인기 차트도 규제해야 할 것이며, 웹툰 플랫폼의 인기 작품 순위까지 모두 규제해야 할 수도 있습니다. 하지만 이를 사행성을 이유로 규제하는 것은 말이 안 되지요.

NFT 투자는 어떤 방법으로 하나요?

지금까지 NFT의 기회와 위기를 메타버스와 묶어서 살펴봤습니다. 외국인들이 큰돈을 벌었다는 뉴스가 나오지만, 기업도 기회를 놓치는 데다, 국내는 규제까지 촘촘합니다. 이 상황에서 평범한 일상을 살아가는 우리들은 어떻게 기회를 잡을 수 있을까요? 리스크가 적은 순서부터 소개하겠습니다. 단, 리스크가 낮을수록 수익 또한 낮을 수 있습니다.

NFT 제작하여 판매하기

NFT를 제작하는 데에는 돈이 전혀 들지 않으며, 시간도 그리 오래 걸리지 않습니다. NFT를 제작하여 판매하는 데 있어서 유일한 리스크는, NFT로 제작한 데이터를 전 세계 사람들이 열람할 수 있다는 점입니다. 이를테면 사진을 NFT로 만들어 판매 등록할 경우, 그 사진을 전 세계 사람들이 열람할 수 있습니다.

따라서 초상권이나 저작권을 침해하는 이미지를 NFT로 제작하지 말아야 하며, 본인의 얼굴 또한 한 번 NFT로 만들어 판매를 시도하면 전 세계 사람들이 열람할 수 있다는 점에 주의해야 합니다.

사진이나 이미지, 짧은 영상이나 글귀 따위가 NFT로 제작하기에 적당한 데이터입니다. 평소에 사진 찍는 취미가 있거나, 맛집에 갈 때마다 사진 찍는 습관이 있다면 NFT를 제작하여 판매하는 데에 무리가 없습니다.

NFT를 직접 제작하고 판매하는 과정은 뒤에서 소개하겠습니다. 뿐만 아니라, 이 책에서는 대량의 이미지를 컴퓨터가 자동으로 만들어주고, 그걸 NFT로 판매등록까지 해 주는 소프트웨어가 무료로 제공됩니다. 이것으로 NFT 생태계에 입문해 보는 것을 강력하게 추천합니다.

뜰 만한 컬렉션 발굴하기

앞서 살펴본 벤야민 아메드의 사례나 고잘리의 사례는 단일 작품이 아니라 컬렉션이 판매된 사례입니다. 컬렉션이란 여러 개의 NFT를 묶어둔 카테고리 개념입니다. 메이저 거래소 중 하나인 OpenSea에서는 NFT를 개별로 검색하여 구매할 수도 있지만, NFT가 속해 있는 컬렉션을 방문하여 같은 컬렉션의 다른 작품을 구매할 수도 있습니다.

최근 대박 난 NFT 사례들은 단일 작품이 아니라 전체 컬렉션이 함께 대박 나는 경우가 많았습니다. 따라서 여러 컬렉션을 유심히 살펴보다가 뜰 것 같은 컬렉션의 작품들을 미리 선점하는 투자 방법도 시도해 볼 법합니다.

NFT 컬렉션 판매를 새롭게 시작하는 크리에이터들은 NFT의 가격을 최저 금액인 0.001 ETH[5]로 맞춰두는 경우가 많습니다. 주식거래 시 잔돈으로 동전주를 줍는 느낌으로, 여기저기 씨앗을 뿌리듯 여러 컬렉션의 작품을 하나씩 구매해보기에 부담 없는 가격입니다. 잘 얻어걸리면 수백 배의 이익을 얻을 수도 있고요.

이 방법의 리스크는 대박 날 확률이 매우 적다는 것입니다. 매일 수없이 많은 컬렉션이 새롭게 만들어지고 있습니다. 이들 중 대박이 날 컬렉션을 찾아내는 것은 몹시도 힘든 일일 것입니다.

아예 SNS에서 NFT 관련 이슈만 트래킹하며, 최근 급격히 자주 언급되는 NFT 컬렉션만 찾아 투자하는 투자자들도 있습니다.

유명해진 작품에 투자하기

이미 가격이 높게 치솟은 유명 작품에 투자하는 방법입니다. 시중의 관심이 줄어들지 않는다면 누군가 더 비싼 가격에 구매해줄 가능성이 있습니다. 이 방법의 리스크는 나보다 더 비싼 가격으로 매수해 줄 누군가가 존재해야 한다는 점입니다.

이슈화가 진행 중인 NFT가 투자 가능성이 있으며, 이미 어느 정도 유명해져 더 이상 가격상승의 모멘텀이 부족한 NFT의 경우 투자가치가 떨어질 수 있으니 주의가 필요합니다.

---

5 2022년 5월 17일 기준으로 약 2,600원

수집 가치가 존재하는 NFT에 장기투자 하기

역사적 유물을 대상으로 한정 수량이 발행된 NFT라던가, 유명 예술인의 NFT 작품을 경매에서 낙찰 받는 방법입니다. 초기자본이 많이 필요하며 장기투자가 필요하므로 투자행위 자체가 리스크가 될 수 있습니다만, 희소가치가 충분한 예술작품의 가격은 시간이 흐르면 가파르게 우상향할 가능성이 크기 때문에 의외로 주목받는 투자방법 중 하나입니다.

다만 일반인이 접근하기에는 어려움이 많습니다.

국보 경매에 난입한 NFT와 어리둥절한 사람들

2022년 1월, 간송미술관에서는 구조조정을 이유로 국보 2점을 케이옥션에서 경매하겠다는 소식을 밝혔습니다. 이에 국보가 해외로 유출될 것을 우려한 사람들이 모여 '국보DAO'라는 이름의 다오를 설립하여 모금을 시작했습니다. 클레이튼Klay으로 50억 원이 모집되면 경매에 참여하여 국보를 매입하고, 50억 원이 모이지 않으면 환불하는 방식으로 말입니다.

그리고 낙찰에 성공할 경우 참여자 전원에게 국보를 NFT로 민팅하여 나눠주겠다는 목표를 제시했습니다. NFT가 탈중앙화된 계약의 보상으로 등장한 사례입니다. 하지만 안타깝게도 국보DAO의 모금액은 24억 3천만 원에 그쳐 모금된 금액을 전부 환불하게 되었습니다. 그렇게 이 사건은 잊히는가 싶었습니다.

국보DAO 홈페이지

그런데 2022년 3월 16일, 갑작스러운 뉴스 기사가 보도됩니다. 경매 결과 56명이 참여한 헤리티지 다오ᴅᴀᴏ라는 이름의 다오가 금동삼존불감을 32억 원에 낙찰받았습니다. 국보를 다오가 낙찰받은 것은 전 세계 최초라고 합니다. NFT 생태계에 기념비로 남을 대사건임은 틀림없습니다.

그런데 다오는 무엇이고, 왜 이 경매사건이 기념할 만한 사건일까요? 천천히 살펴보도록 하겠습니다.

다오는 탈중앙화된 자율 조직Decentralized Autonomous Organization의 줄임말로, 법적으로는 조합의 일종으로 분류됩니다. 일반적인 조합은 조합의 장을 선정하고, 조합원의 지분이 존재하지만, 다오는 조합장이 존재하지 않고 투표를 통해 민주적인 방식으로 의사를 결정합니다.

기존 법리로 풀어갈 수 있는 가장 유사한 사례는 투자만을 목적으로 사람들이 모인 투자조합을 떠올리면 좋겠습니다. 투자조합은 여러 사람이 참여하여 함께 목돈을 만들고, 이 금액을 투자에 활용하는 형태의 조합입니다. 수익금은 투자한 금액에 맞추어 나눠 갖고요. 다오 역시 비슷한 방식으로 작동합니다.

금동삼존불감을 낙찰받은 헤리티지 다오는 지분 과반수인 51%를 다시 간송미술관에 기증하겠다는 의사를 밝혔습니다. 따라서 앞으로도 금동삼존불감은 간송미술관에 안치되어 관리될 예정입니다.

언론 보도에 따르면 헤리티지 다오 측에서도 국보DAO와 마찬가지로 국보를 NFT로 발행하려는 것이 아니냐, 혹은 국보 NFT로 사업을 하려는 것이 아니냐는 추측이 제시되고 있다고 합니다. 다오 측에서는 현재로서는 NFT 사업 계획이 없다는 입장을 고수하고 있고요.

여기서 NFT 생태계에 관심 있는 사람들은 의문을 가지게 되었습니다. NFT 발행이 없다면 정말로 익명의 사람들이 그저 국익을 위해 수십억 원을 기증한 것이기 때문입니다.

반면 예술계와 미술사학계에서도 의문을 갖고 있습니다. 이 사건을 두고 기묘한 거래라거나, 경매 과정을 비판하는 목소리도 있습니다. 가장 큰 비판을 받는 점은, 헤리티지 다오가 해외 법인 명의로 경매에 참여한 점입니다.

이는 일정 부분 현행법상 규제 때문입니다. 문화재는 개인의 명의로 취득할 수 없으며, 국내 법인은 ICO와 같이 암호화폐를 대량으로 투자받는 행위를 금지하고 있습니다. DAO의 결성은 아직 전례가 없어 관련 처벌 사례가 없지만, 굳이 위험을 무릅쓰면서까지 국익을 위해 행동할 필요는 없겠지요. 그리하여 ICO가 자유로운 싱가폴 법인 명의로 매입절차가 진행되었다는 입장입니다.

그뿐만 아니라 굳이 낙찰 받은 문화재의 지분 51%를 다시 간송미술문화재단에 기부한 사건을 두고 "경매물품이 잘 팔리지 않으니 간송미술관에서 쇼한 것이다."라는 입장을 밝힌 미술사학계의 전문가도 있습니다.

어찌 됐건 세계 최초라는 타이틀이 붙은 대사건이니만큼 앞으로도 이를 두고 많은 논쟁이 벌어질 것으로 예상됩니다.

만약 헤리티지 DAO팀이 아니라 국보DAO팀이 국보를 낙찰 받았으면 어땠을까요? 본래의 취지가 맞는다면 국보의 실물은 간송미술관에 그대로 기증하고, NFT를 발행하여 다오 참여자들에게 나눠줬을 것입니다. 어쩌면 국보 NFT가 대량으로 시중에 판매되었을지도 모르는 일입니다.

투기 목적으로 NFT에 접근하기보다는, 다오에 참여하여 가치 있는 보상을 획득하는 방향으로 NFT 투자에 접근하는 것도 좋을 것 같습니다.

CHAPTER 7

NFT로 돈을 벌고 싶다면

주식거래를 하려면 증권계좌가 필요하듯

지금부터 NFT를 만들거나 사고팔기 위해 지갑을 만들고, NFT 거래 플랫폼에 접속하는 방법을 소개하겠습니다.

NFT는 블록체인 위에서 작동되는 기술이므로, 먼저 어떤 블록체인을 활용하는 NFT를 다룰지 결정해야 합니다. 한국에 거주하는 일반인이 접근하기에 가장 편리한 블록체인은 이더리움과 클레이튼입니다.

2021년부터 그라운드 X 측에서 일반인이 사용하기 용이한 NFT 관련 서비스들을 출시하며 클레이튼의 NFT 활용성이 많이 개선되었습니다. 하지만 클레이튼 기반 NFT의 거래량은 이더리움에 비해 몹시 부족합니다.

시장 규모 자체가 협소하여 유망한 작품도 잘 등장하지 않고, 판매 등록을 해도 판매가 잘 일어나지 않는다는 이야기입니다. 뿐만 아니라 2021년 11월, 클레이튼 블록체인 네트워크가 30시간 동안 셧다운된 전적도 있으니, 우리는 클레이튼이 아니라 이더리움 체인 기반 NFT를 사고파는 방법을 알아보겠습니다.

메타마스크 설치 및 지갑 만들기

먼저 크롬 계열의 데스크탑 브라우저가 필요합니다. 모바일로는 진행이 안 되니 데스크탑으로 진행하는 것을 권장합니다. 크롬뿐 아니라 웨일 브라우저 등으로도 진행할 수 있습니다. 이 책에서는 크롬을 사용하겠습니다.

❶ 크롬에서 아래 URL을 입력하여, 크롬 웹스토어로 이동합니다.

https://chrome.google.com/webstore/category/extensions?hl=ko

❷ 화면 왼쪽 위 검색창에 'MetaMask'를 입력하고 엔터를 누릅니다.

❸ 결과 창에서 'MetaMask' 앱을 선택합니다. 제공업체가 사진과 동일한지 확인합니다.

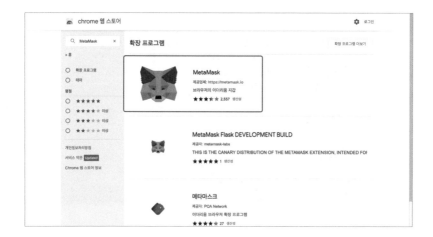

❹ 화면 오른쪽 상단의 [Chrome에 추가] 버튼을 누릅니다.

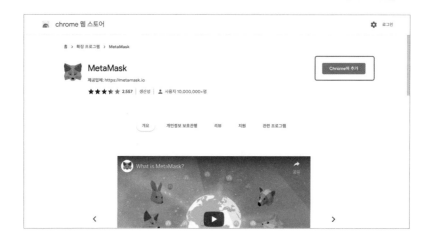

❺ 팝업창이 나타나면 [확장 프로그램 추가] 또는 [확인] 버튼을 누릅니다. 잠시 기다리면 메타마스크 설치가 진행됩니다.

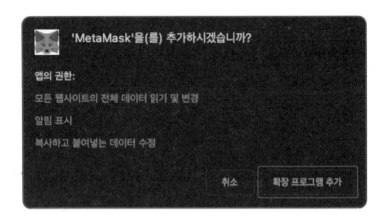

❻ 설치가 완료되면 새 탭이 실행되며 메타마스크 설정 화면이 표시됩니다. 메타마스크는 이더리움의 지갑 역할을 수행하지만, 동시에 다양한 Web 3.0 애플리케이션에 접속하는 수단으로 사용되기도 합니다. [시작하기] 버튼을 누릅니다.

❼ 오른쪽의 [지갑 생성] 버튼을 누릅니다.

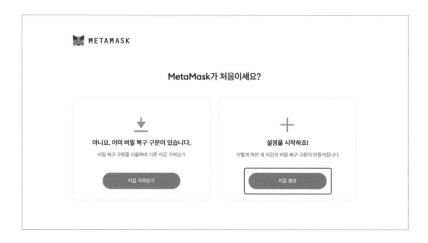

❽ 개선에 참여 안내문구가 나오면 [괜찮습니다]를 선택합니다.

❾ 적당한 암호를 입력하고 약관 동의에 체크한 뒤 [생성] 버튼을 누릅니다.

❿ 지갑 보안과 관련된 동영상을 시청하고 [다음] 버튼을 누릅니다.

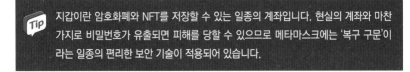
지갑이란 암호화폐와 NFT를 저장할 수 있는 일종의 계좌입니다. 현실의 계좌와 마찬가지로 비밀번호가 유출되면 피해를 당할 수 있으므로 메타마스크에는 '복구 구문'이라는 일종의 편리한 보안 기술이 적용되어 있습니다.

⓫ 자물쇠 모양을 누르면 나오는 복구 구문을 복사합니다. 구문을 저장했다면 [다음] 버튼을 누릅니다.

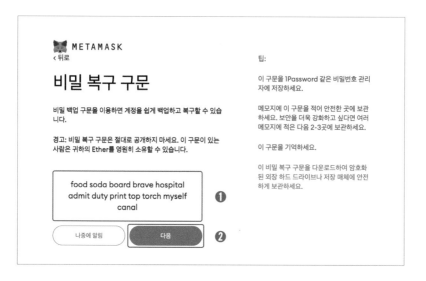

 복사한 복구 구문은 별도의 장소에 저장해 둡니다. 작가는 메모장에 저장하고, 이 파일을 여러 개의 USB에 담아두는 식으로 관리할 계획입니다. 복구 구문을 알면 지갑을 통째로 소유할 수 있으므로, 복구 구문은 다른 사람에게 절대로 알려주면 안 됩니다.

⓬ 앞서 적어둔 구문에 맞추어 단어들을 순서대로 선택하고 [확인] 버튼을 누릅니다.

⓭ 작업이 모두 끝났습니다. [모두 완료] 버튼을 누릅니다.

❹ 메타마스크 지갑이 실행되었습니다. 현재 잔고는 0 ETH입니다. 화면 위의 ‘Account 1’ 아래에 기재된 회색 문구가 지갑의 주소입니다. 이 주소로 이더리움을 입금하거나, NFT를 전송할 수 있습니다.

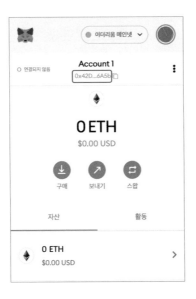

 지갑 주소 오른쪽의 네모난 아이콘을 누르면 지갑 주소를 복사할 수 있습니다.

폴리곤 네트워크 연결

    이더리움 기반 NFT가 가장 권위 있지만, 이더리움으로 OpenSea에서 NFT를 발매하려면, 최초 1회에 한하여 34만 원가량의 요금을 내야 합니다. 이더리움 블록체인 네트워크는 이미 포화상태에 이르렀기 때문에 트랜잭션에 필요한 가스gas fee 비용이 높아졌기 때문입니다.

    따라서 우리는 등록 수수료가 무료이며, 최근 주목받고 있는 폴리곤 MATIC 네트워크를 활용하여 NFT를 발행해 보도록 하겠습니다.

❶ 크롬 브라우저로 아래 URL로 접속합니다.

https://chainlist.org

❷ 오른쪽 상단의 [Connect Wallet] 버튼을 누릅니다.

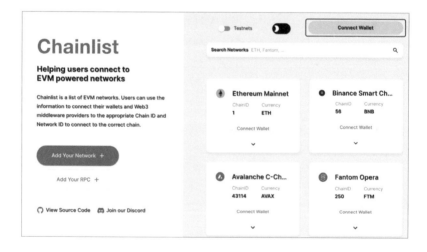

❸ 메타마스크 팝업창이 발생하면 지갑 주소를 선택하고 [다음] 버튼을 누릅니다. 곧이어 연결 허용을 묻는 팝업창이 나타나면 [연결] 버튼을 누릅니다.

❹ 연결에 성공하면 오른쪽 상단 메뉴에 메타마스크 로고와 함께 이더리움 지갑 주소가 표시됩니다.

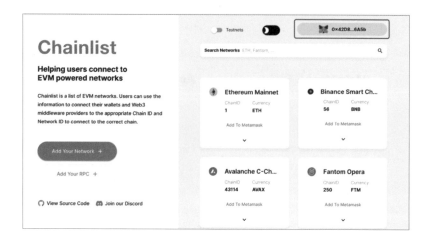

❺ 상단 검색창에 'matic'을 입력하면 나타나는 항목 중 [Polygon Mainnet] 상자의 [Add To Metamask] 버튼을 누릅니다.

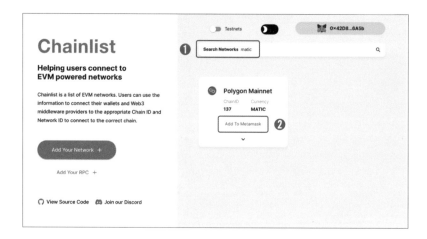

❻ 네트워크에 추가 팝업창이 나타나면 [승인] 버튼을 누릅니다. 곧이어 네트워크 전환 팝업창이 나타나면 [네트워크 전환] 버튼을 누릅니다.

메타마스크 지갑이 폴리곤 네트워크에 연결됩니다. 이제 NFT를 사고팔 준비가 모두 끝났습니다.

OpenSea에 지갑 연동하기

❶ 메타마스크에 로그인된 상태에서 아래 URL로 접속합니다.

https://opensea.io

> **Tip** OpenSea는 세계 최대 규모의 NFT 거래소입니다.

❷ 화면 오른쪽 상단의 지갑 모양 아이콘을 누릅니다. 팝업창이 나타나면 가장 위의 [MetaMask] 버튼을 선택합니다.

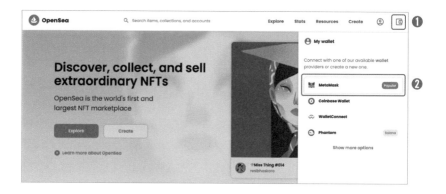

❸ MetaMask로 연결을 묻는 팝업창이 나오면 [다음] 버튼을 누릅니다. 곧이어 지갑 주소로 연결을 묻는 팝업창이 나오면 [연결] 버튼을 누릅니다.

❹ 화면 오른쪽에 잔고가 입력된 메뉴가 표시된다면 지갑 연동에 성공하였습니다.

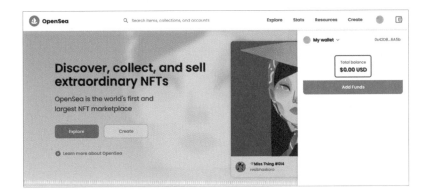

NFT를 구매하는 방법

NFT를 구매하려면 돈이 있어야 합니다. 메타마스크 지갑에 돈을 입금하고, 그 돈으로 NFT를 구매할 수 있습니다. 돈을 충전하는 방법을 알아보겠습니다.

❶ [Add Funds] 버튼을 누릅니다.

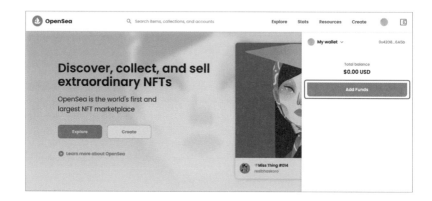

❷ 'Add funds' 창이 나타나면 [Copy] 버튼을 눌러 주소를 복사합니다.

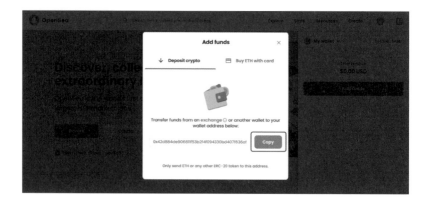

❸ 상단의 검색창에 키워드를 입력하거나, 화면 오른쪽의 [Explore] 버튼을 눌러 NFT를 탐색할 수 있습니다.

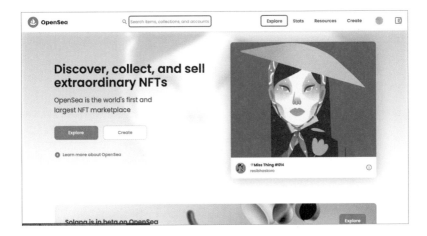

❹ 검색창에 'we are frogs'를 입력해 보겠습니다. 상단에는 We are frogs 컬렉션이 노출되며, 하단에는 컬렉션에 포함된 NFT들이 노출됩니다.

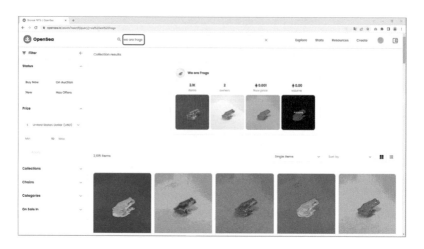

Tip 왼쪽의 Filter 메뉴로 검색 결과를 필터링할 수도 있습니다.

❺ 아무 작품이나 클릭해 보겠습니다. [Buy now] 버튼을 눌러 NFT를 구매할 수 있습니다. 스크롤을 내리면 지금까지의 소유권 변동 이력과 가격변동 내역 그래프를 열람할 수도 있습니다.

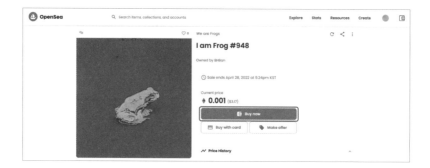

NFT 컬렉션 만들기

지금까지 타인이 만든 NFT를 사고파는 방법을 알아봤습니다. 이제 직접 NFT를 만드는 방법을 알아보겠습니다. 만약 단일 작품만 업로드할 계획이라면 이 과정은 건너뛰어도 좋습니다.

❶ 하나의 컬렉션 안에서 유사한 컨셉을 공유하는 작품들을 판매하려면 먼저 NFT 컬렉션을 만들어야 합니다. 오른쪽 상단의 프로필 사진에 마우스를 올리고 [My Collections] 버튼을 누릅니다.

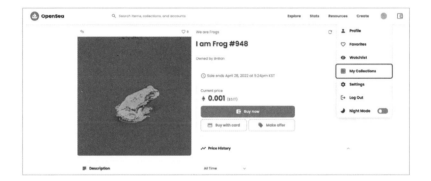

❷ [Create a collection] 버튼을 선택합니다. 혹시 서명 요청이 발생할 경우 [서명] 버튼을 누릅니다.

❸ 회색 동그라미를 눌러 컬렉션의 프로필 사진을 업로드합니다. 필요하다면 하단의 [Featured image]와 [Banner image]도 업로드합니다. 프로필은 다른 사용자에게 가장 처음 노출되는 영역이므로, 신경 써서 제작한 사진을 업로드하는 것을 추천합니다. gif 파일도 업로드할 수 있습니다.

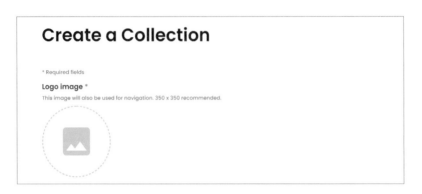

❹ 'Name' 항목에 컬렉션 이름을 입력합니다. 'URL'은 컬렉션 이름을 따라 자동으로 제작되지만, 다른 URL을 사용하고 싶다면 수정하기를 바랍니다. 'Description'에는 컬렉션에 대한 소개 글을 2~3줄 정도 기재합니다. 마지막으로 'Category'를 추가합니다.

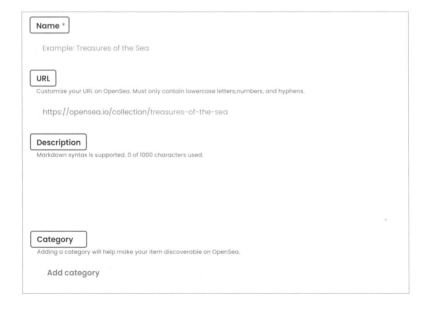

❺ 창작물이 거래될 때마다 징수할 수수료를 'Creator Earnings'에 입력합니다. 'Blockchain' 메뉴에서 'Polygon'을 선택하면 기본적인 세팅은 모두 끝납니다. 하단의 [Create] 버튼을 눌러 컬렉션 제작을 마무리합니다.

 'Creator Earnings' 기본값은 2.5%이며, 여러분이 만든 NFT가 거래될 때마다 거래 가격의 2.5%만큼 계좌로 입금됩니다. 이 수치는 최대 10%까지 높일 수 있습니다. 수치가 높을수록 NFT가 유명해졌을 때 큰 수익을 얻을 수 있습니다만, 수수료를 너무 높게 책정하면 투자자들이 구매를 꺼릴 수 있습니다. 판매가격에서 수수료를 제외한 금액이 입금되기 때문에, 투자자들은 그만큼 수익이 줄어들 것을 우려할 수도 있기 때문입니다.

NFT 만들기

이어서 NFT 제작 방법을 알아보겠습니다. 이렇게 만든 NFT는 절차를 따라 판매 등록을 할 수 있습니다만, 깊게 따져 보자면 이는 사실 NFT를 제작했다고 할 수는 없습니다. 블록체인 위에 기록을 남기며 NFT를 제작하려면 그에 따른 수수료가 발생합니다. OpenSea에서는 우선 NFT 판매 등록을 하면 관련 정보만 게시해뒀다가, 누군가가 NFT를 구매하는 순간 결제 대금의 일부를 수수료로 활용하여 NFT를 블록체인 위에서 발행합니다. 따라서 OpenSea 플랫폼에서 누군가 NFT를 실제로 구매해야만 진정한 의미로 NFT를 발행했다고 할 수 있습니다. 다른 플랫폼에서는 생성 단계에서부터 수수료를 징수하는 경우도 많기 때문입니다.

스마트폰 사진을 이용해 NFT를 직접 제작해 보겠습니다. 사진첩을 열어 마음에 드는 사진을 고르거나, 사진을 직접 찍어서 사용해도 좋습니다. 타인의 저작권을 침해하거나 혐오감을 불러올 만한 내용만 아니라면 뭐든 괜찮습니다.

❶ NFT 제작에 필요한 사진을 준비합니다.

❷ OpenSea 오른쪽 상단의 [Create]를 선택합니다. 이어 나타나는 서명 요청 창에서 [서명] 버튼을 누릅니다.

❸ 사진 아이콘을 클릭하여 콘텐츠를 업로드합니다. 그다음 하단의 'Name' 메뉴에 NFT 이름을 입력합니다. 사진뿐 아니라 음악이나 동영상도 업로드할 수 있으며, 최대 용량은 100메가바이트입니다.

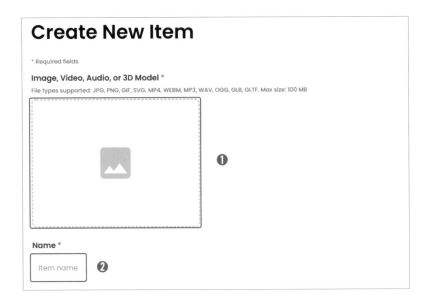

❹ 'Blockchain' 메뉴에서 'Polygon' 항목을 선택한 뒤 [Create] 버튼을 누릅니다.

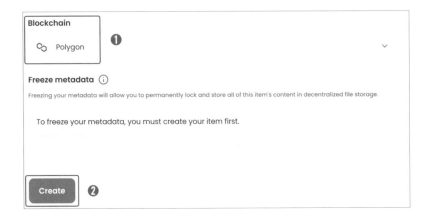

❺ NFT를 컬렉션에 추가하려면 하단의 'Collection' 메뉴에서 'Select Collection' 버튼을 눌러 컬렉션을 선택합니다.

❻ NFT 제작이 마무리되었습니다.

NFT 생성 완료 팝업

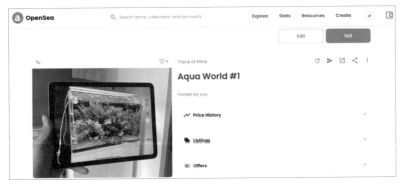

NFT 정보 화면

NFT 전송하기

　NFT는 토큰이므로, 코인과 마찬가지로 자유롭게 타인에게 전송할 수도 있습니다. 지금부터 NFT 전송 방법을 알아보겠습니다.

❶ 전송하려는 NFT의 메뉴로 접속하여 오른쪽 상단의 [Transfer] 아이콘을 누릅니다.

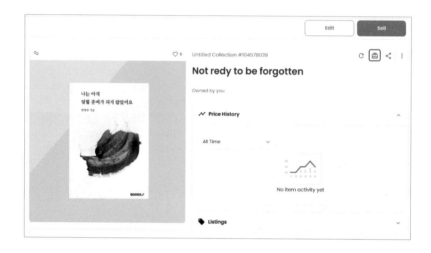

❷ NFT를 전달받을 사람의 지갑 주소를 입력하고 [Transfer] 버튼을 누르면 NFT가 전송됩니다.

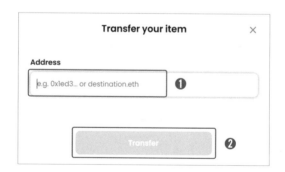

NFT 판매하기

이번에는 직접 만든 NFT를 판매해보겠습니다.

❶ OpenSea에 로그인한 상태에서 오른쪽 상단의 프로필 사진을 선택하고, [Profile] 버튼을 누르면 보유 중인 NFT 목록을 확인할 수 있습니다. 이 중에서 판매하려는 NFT를 클릭합니다.

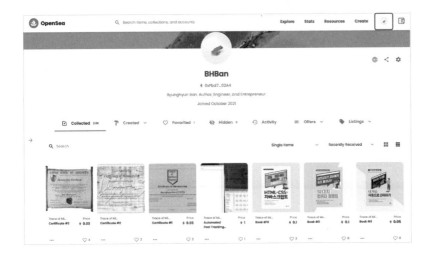

❷ 오른쪽 상단의 [Sell] 버튼을 누릅니다.

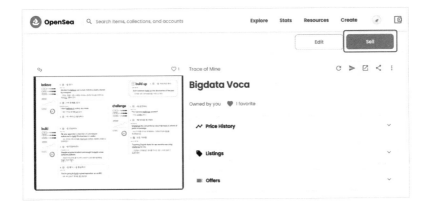

❸❶ 판매 희망 가격을 입력하고, **❷** 얼마나 오랫동안 판매할 것인지 정합니다. 기간이 끝날 때까지 입찰자가 없다면 판매가 무산됩니다. 입력을 마친 뒤 [Complete listing] 버튼을 누릅니다.

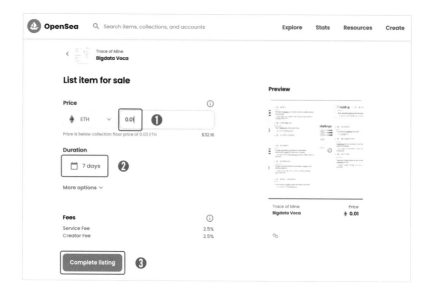

❹ [Sign] 버튼을 선택합니다.

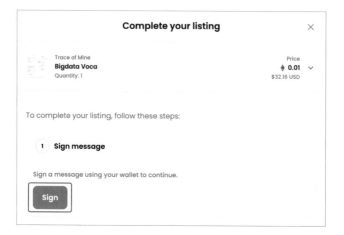

❺ [서명] 버튼을 누릅니다.

❻ NFT 판매등록이 완료되었습니다. 판매가 성사되면 여러분이 기재한 금액에서 수수료 2.5%가 제외된 금액이 계좌로 입금됩니다.

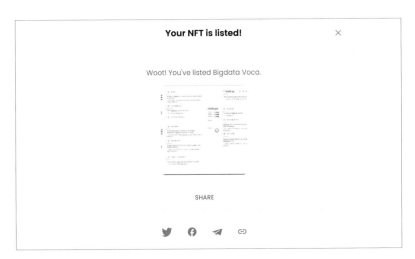

NFT 소각하기

    소각은 한번 만들어진 NFT를 삭제하는 행위입니다. NFT를 소각하려면 소유권을 본인이 갖고 있어야 합니다. 자신이 만든 NFT라 하더라도, 소유권이 타인에게 넘어간 상태라면 소각이 불가능합니다.

❶ NFT 메뉴의 오른쪽 상단에 있는 [Edit] 버튼을 선택합니다.

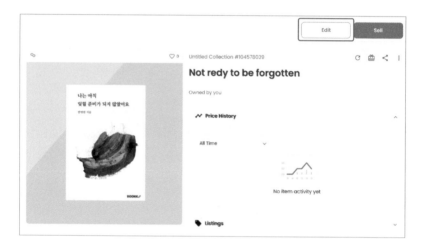

❷ 스크롤을 끝까지 아래로 내리면 오른쪽 하단에 [Delete item] 버튼이 있습니다. 이 버튼을 누르면 NFT를 소각할 수 있습니다.

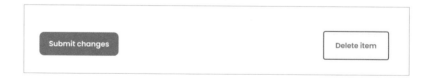

지금까지 NFT를 만들고, 사고파는 방법까지 모두 알아봤습니다. 다음 챕터부터는 메타버스에 대해 다뤄보도록 하겠습니다. 그리고 이 책의 후반부에서 NFT와 관련된 자동화를 실습해 볼 것입니다. 컴퓨터가 자동으로 대량의 그림을 그려줄 것입니다. 약간의 미적 감각과 영감만 있다면 순식간에 수천 개의 NFT 아트를 제작할 수 있습니다.

랜선으로 이어진 또 하나의 세상,
메타버스

CHAPTER **8**

증시로 살펴보는 메타버스의 현주소

너도나도 메타버스, 모두가 메타버스라는데요?

4차 산업혁명 시대의 다른 기술들은 비교적 경계선이 명확합니다. 드론은 인간이 탑승하지 않는 비행체로 정의되며, 전기차는 전기 모터로 움직이는 자동차입니다. 그런데 메타버스는 정의가 조금 두루뭉술합니다. 온라인 통신으로 여러 사람을 실시간으로 연결해주는 서비스들은, 앞다투어 자신들이 메타버스 서비스라고 주장하기 바쁘니 말입니다.

당장 구글에 '메타버스'를 검색하면 다양한 서비스들이 언급된 뉴스 기사가 쏟아집니다. 제페토, 게더타운, 이프랜드, 로블록스, 포트나이트 등. 화사한 색감에 머리가 크게 디자인된 캐릭터들…. 모두 비슷해 보이는데 하나같이 자신들이 혁신의 주역이라 주장합니다. 이 중에서 무엇이 진짜 메타버스일까요? 가짜 메타버스도 존재할까요?

메타버스 플랫폼. 제페토, 이프랜드, 더 샌드박스, 로블록스(왼쪽 위부터 시계 방향)

이번 장에서는 메타버스라는 물결이 정말로 도래하였는지 증시의 변동을 통해 살펴보도록 하겠습니다. 메타버스가 무엇인지, 왜 메타버스가 뜨거운 감자인지를 전혀 이해하지 않은 상황에서도 메타버스라는 키워드가 가져온 경제적 파급력 정도는 충분히 살펴볼 수 있을 것입니다.

2021년 4분기에는 메타버스 업계에서 대단히 크고 중요한 일들이 있었습니다. 불과 보름 만에 전 세계 증권시장의 흐름이 바뀌어버린 대사건이 벌어졌는데요, 이를 요약하여 살펴보겠습니다.

이어서 다음 장에서 메타버스라는 기술은 어떤 배경을 통해 등장했는지, 메타버스란 무엇인지, 더 나아가 메타버스의 미래는 어떤 형태일지 살펴보겠습니다.

2021.10.28. 페이스북의 사명 변경

페이스북Facebook, FB이 사명을 메타META Platforms, Inc.로 변경하였습니다. 여기에는 여러 가지 복잡한 배경이 얽혀 있지만, 메타버스와 관련된 부분만 살펴보겠습니다.

인터뷰 중인 프랜시스 하우겐

페이스북의 수석 프로덕트 매니저였던 프랜시스 하우겐Frances Haugen이 2021년 9월 중순부터 공개한 내부고발 문건이 세상에 공개되며 미국 연방정부의 수사가 시작되었고, 하우겐이 10월 3일에 CBS의 방송에 출연하며 논란은 더욱더 거세졌습니다.

폭로 내용은 충격적입니다. 페이스북은 자체 연구 결과 페이스북의 알고리즘이 사회적 갈등과 분쟁을 조장하고 있으며, 인스타그램 앱의 자동 추천 알고리즘이 10대 소녀들의 불안장애와 우울증, 심지어 자살 충동을 부추긴다는 사실을 밝혀내었음에도 별다른 조치를 하지 않았다

메타 주가

고 합니다. 그 외에는 정치인이나 스포츠 스타 등의 계정을 특별 관리했고, 그들의 가짜뉴스 게시물에 특혜를 준 점 등 다양한 문제점들이 세상에 공개되었습니다.

페이스북과 저커버그는 창사 이래 최대 위기에 놓였고, 이를 탈출하기 위한 수단으로 회사의 희망찬 미래에 관한 이야기를 대대적으로 발표하기로 합니다.

페이스북은 당시 증권시장에서 가장 뜨거운 토픽 중 하나로 언급되던 메타버스에 올라타기로 결정하고, 10월 28일 사명을 메타Meta로 변경하겠다고 발표했습니다. 효과는 놀라웠습니다. 연일 하락하던 주가는 일주일만에 9.5% 상승했고, 시가총액은 8백억 달러[1]가 증가했습니다. 금방이라도 폐업할 것 같던 분위기가 잠시나마 역전되었죠.

그런데 이 과정에서 놀라운 나비효과가 펼쳐집니다. 페이스북은 메

---

1 한화 102조 원가량

타버스 물결에 올라타 투자심리를 끌어내 보려 시도했는데요, 반대로 메타버스도 '페이스북이 선택한 미래'라는 타이틀을 얻으며 대규모의 투자심리를 형성하게 되었습니다. 메타버스 그 자체는 지나치게 긍정적인 미래를 꿈꾸는 공허한 메아리에 불과하다는 혹평을 받고 있었으며, 페이스북은 정부의 심판으로 내리막길을 걸을 것이라는 어두운 평가를 받고 있었습니다.

그런데 그 두 개의 키워드가 묶여버리니 한순간에 양쪽 모두 신용의 대상이 되었고, 투자할 가치가 충분한 존재로 탈바꿈되었습니다. 마치 페이퍼 컴퍼니의 순환출자[2]처럼 말이죠. 전 세계 증권시장에 파문이 일었음은 불 보듯 뻔한 일입니다.

펀더멘털 대비 투자심리만 높이 치솟는 종목은 조정을 받기 마련이고, 초기에 몰렸던 많은 자본이 이탈하며 제자리로 돌아오는 것이 순리입니다. 신중한 투자자들은 여기까지 내다보고 관망 포지션을 취했겠지요. 이렇게 메타버스 관련주가 다시 안정된 추세로 돌아가는가 싶었습니다.

페이스북의 주가 차트에서도 급등 이후의 조정이 크게 드러납니다. 여담이지만, 사명 변경에도 불구하고 아이폰 업데이트 악재와 겹치며 페이스북의 주가는 몇 달에 걸쳐 43%가량 폭락했습니다. 시가총액으로 따지면 4,260억 달러, 원화로는 520조 원가량이 허공으로 사라진 것입니다.

---

2 이론상 회사 두 개를 설립하여 서로가 서로의 주식을 비싼 값에 매입하는 순환출자를 시행하면, 페이퍼 컴퍼니 2개를 겉보기에 규모가 거대한 회사 2개로 눈속임할 수 있음

그런데 갑자기 마이크로소프트Microsoft Corporation, MSFT가 한마디 하며 나섰습니다. 아, 불안합니다. 마이크로소프트가 한 번 작심하고 무언가를 발표할 때마다 세상의 미래가 거칠게 바뀌어버리는데 말이지요.

2021.11.02. 마이크로소프트의 메쉬 공개

마이크로소프트는 매년 MS 이그나이트MS Ignite라는 국제 개발자 콘퍼런스를 개최합니다. 2021년 11월 2일 이그나이트에서 MS는 몇 가지 중대사안을 발표했습니다. 클라우드 시스템 강화나 새로운 서비스 런칭 등, 세계를 미래로 이끌 만한 다양한 첨단 기술에 대한 발표가 끊임없이 쏟아졌습니다.

그런데, 여러 흥미로운 토픽 중 전 세계 투자자들의 가슴을 뛰게 한

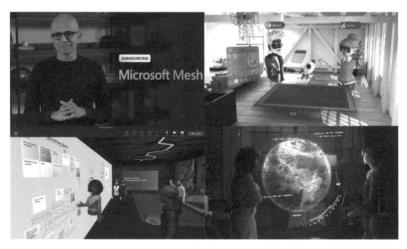

MS 메쉬

소식이 있습니다. MS가 메타버스 시대를 주도하기 위한 노력을 장기간 기울여왔다는 사실이 공개되었기 때문입니다.

MS는 기업들이 보다 손쉽게 메타버스 세상을 구축하고 서비스를 운영할 수 있는 메쉬Mesh 플랫폼을 공개했습니다. 메쉬는 3D 헤드셋을 통해 구현되는 가상 세계입니다. 메쉬 속에서 사람들은 정장을 입고 출근하여 업무를 볼 수도 있고, 실시간으로 중요한 토픽에 대한 회의를 진행할 수도 있습니다. 마이크로소프트가 2015년에 야심 차게 출시한 홀로렌즈[3]와 함께 활용하면 그 장점이 극대화될 것이라는 평가가 대부분입니다.

그뿐만 아니라 마이크로소프트는 메타버스를 위한 포괄적인 솔루션을 제공하겠다고 밝혔습니다. 독자적인 메타버스 솔루션으로 전 세계의 기업들과 경쟁하는 것은 무척이나 어려운 일이니, 전 세계의 메타버스 기업들이 모두 탐낼 만한 메타버스 제작 플랫폼을 출시한 것입니다. 이제 세계 각국의 IT 회사들은 마이크로소프트의 메쉬를 활용하여 회의를 진행할 것이며, 마이크로소프트의 메타버스 솔루션을 구매하여 메타버스 소프트웨어를 제작하고, 매월 마이크로소프트에 막대한 규모의 클라우드 서버 사용료를 납부할 전망입니다.

마치 운명의 장난과도 같은 타이밍이었습니다. 하필이면 페이스북이 메타버스라는 뜨거운 떡밥에 기름을 끼얹었고, 같은 날 마이크로소

---

3 MS에서 출시한 HMD 디바이스로, 고성능의 홀로그램 기술이 내장되어 있어 전 세계의 주목을 받았다. 현재 2세대까지 출시되었으며 가격은 5백만 원가량이다.

프트가 애플을 제치고 전 세계 시가총액 1위[4]를 달성하여 전 세계의 이목이 쏠린 가운데, 폭탄과도 같이 메타버스 관련 발표를 터뜨렸으니 말 다한 셈이죠. 어쩌면 메타버스라는 테마가 거대한 사기극으로 끝나지 않도록 견인한 가장 중요한 주체는 마이크로소프트가 아니었을까 생각됩니다.

심지어 메타버스 세상의 선두 주자가 되기 위한 매우 구체적인 솔루션을 마이크로소프트가 이미 오래전부터 준비해 왔다는 사실 자체가 중요한 이슈가 되어, 메타버스라는 허상에 가상의 펀더멘털이 덕지덕지 붙기 시작했습니다. 메타버스가 허상인지 진실인지를 논하는 것은 더 이상 중요하지 않게 되었습니다. 전 세계적인 영향력을 가진 글로벌 대기업이 메타버스 세상을 개척하기 위해 돈과 시간을 투자하고 있다는 사실이 중요합니다.

개미 투자자들의 심리가 메타버스 테마주를 지탱하는 것이 아니라 대기업이 자본과 시간을 풀고 있다는 사실 자체가 세계 금융시장을 움직이는 진실이 되어버렸고, 이제 증권가에는 기회를 노리는 사람과 미래를 준비하는 사람만이 남았습니다.

새로운 기회가 찾아올 거라는 확신이 들면 누구보다 빠르게 움직이는 사람들이 있습니다. 이 사람들이 결국 일을 내고 말았습니다. 같은 날, 엔비디아NVIDIA Corporation, NVDA와 퀄컴QUALCOMM Incorporated의 주가가 폭등하기 시작한 것입니다.

----

4 10월 29일 기준

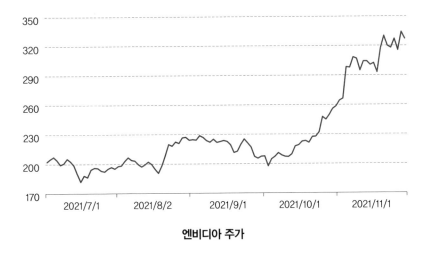

엔비디아 주가

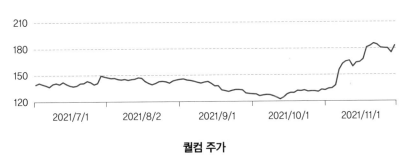

퀄컴 주가

엔비디아는 3D 그래픽과 AI 분야 연산에 사용되는 GPU를 생산하는 업체이며, 퀄컴은 모바일 디바이스에 탑재되는 CPU를 전문적으로 제작하는 업체입니다. 마이크로소프트가 메타버스에 적극적으로 투자한다면 3D 그래픽 세상 구현과 메타버스 세상 속 인공지능 구현을 위해 GPU 수요가 더욱 폭발적으로 증가할 것이며, 메타버스 플랫폼에 접속하기 위한 전용 디바이스가 출시되면 퀄컴의 모바일 CPU 수요 또한 폭증할 거라는 예상 때문입니다.

2021년 11월 2일은 그동안 전 세계 사람들이 쌓아왔던 의구심과 불안함, 그리고 기대감을 한꺼번에 터뜨려버린 날입니다. 아마 이날은 메타버스 역사에서 가장 중요한 날 중 하나로 기억될 것입니다.

2021.11.08. 조정장과 투자 심리 이동

2021년 11월 8일. 메타버스와 관련된 뉴스가 전 세계를 흥분시키기에 충분한 시간이 흘렀습니다. 투자심리는 부풀어 오르고, 페이스북을 비롯한 급등주들이 조정받기 딱 좋은 시점이었습니다. 페이스북 주식의 매도세력이 강해지며 주가 상승이 거의 멈추었고, 그 반동과 함께 메타버스와 관련된 다른 종목들의 주가가 폭등하기 시작했습니다.

투자심리는 역대 최고 수준인데 투자할 종목은 아리송합니다. 이미 급등한 주식을 구매하자니 매도세력의 공세가 녹록지 않아 결국 조정이 찾아옵니다. 이 상황에서 전 세계의 투자자들은 메타버스를 주 업종으로 하는 로블록스Roblox Corporation, RBLX와, 게임 엔진을 만드는 회사인 유니티Unity Software Inc., U에 주목했습니다.

로블록스는 메타버스 플랫폼 회사이며, 2021년에 한국인이 구글 검색창에 가장 많이 검색한 회사 1위로 선정[5]되기도 했습니다. 로블록스는 2021년에 나스닥에 상장하였고, 앞으로 무궁무진한 가능성이 있을 것이라는 기대감에 빠르게 성장하고 있는 회사입니다. 메타와 마이크로

---

[5] 2021년 올해의 구글 검색어, 구글 발표

유니티 주가

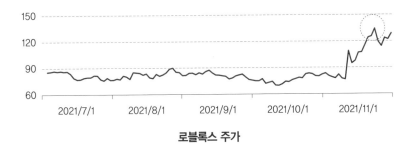

로블록스 주가

소프트가 이미 판을 다 깔아 놨는데, 메타버스 전문 기업인 로블록스가 끼지 않으면 섭섭하죠. 덕분에 로블록스는 11월 8일에 비정상적인 거래량과 함께 주가 폭등을 기록합니다.

　같은 날 유니티의 주가도 매수세가 강세를 보이며 급등하기 시작합니다. 유니티는 게임 엔진인 유니티Unity를 제작하는 소프트웨어 회사입니다. 블리자드, 골프존 등 전 세계의 기업들이 유니티를 활용하여 게임과 애플리케이션을 만들고 있으며, 유니티를 열심히 활용하여 상장한 기업들도 많습니다.

　유니티는 3D 가상 세계를 구현하기에 최적화된 도구입니다. 또한 유니티로 제작한 소프트웨어는 데스크탑, 모바일 등 대부분 플랫폼에 이식할 수 있고요. 온라인 게임은 물론 콘솔 게임 구현에도 적극적으로 활용할 수 있습니다. 그야말로 메타버스 세상을 구현하기에 최적의 도구라고 할 수 있습니다. 마이크로소프트사의 플랫폼과 달리 장기간 전 세계에서 검증이 끝났으며, 이미 유니티 전문가라 부를 수 있는 사람들이 많다는 점 또한 큰 강점입니다. 이런 강점들이 맞물리며 유니티는 또다시 전성기를 맞이하게 되었습니다.

이외에도 메타버스와 관련된 종목들이 연일 신고가를 갱신하고 있습니다. 매수심리가 지나치게 부풀어 메타버스가 거품일지도 모른다는 두려움보다는, 지금 사지 않으면 벼락 거지가 될 수도 있다는 두려움이 더 커져 버린 것은 아닌가 생각됩니다.

2021.11.15. 애플 글래스 소식

드디어 대사건이 벌어집니다. 한때 마이크로소프트에 전 세계 시총 1위를 잠시 내어줬던 애플Apple Inc., AAPL의 주가가 갑작스럽게 폭등한 것입니다. 세상에서 가장 덩치가 큰 기업의 주가가 11월 15일부터 꾸준히 상승하여, 12월 20일까지 총 20% 상승하기에 이르렀습니다. 이 기간에 시가총액은 4천 8백억 달러가 증가했으며, 한화로 계산하면 571조 원가량입니다. 불과 한 달 만에 대한민국의 1년 예산에 해당하는 금액이 불어난 것입니다.

애플 주가

애플이 잘나가는 데에는 항상 많은 이유가 있었습니다만, 해외 애널리스트들은 애플 글래스Apple Glass 제작 소식 때문에 주가가 상승했다고 분석하고 있습니다. 애플 글래스는 일종의 증강현실 또는 가상현실을 보여줄 수 있는 스마트 안경으로, 그야말로 메타버스와 현실의 경계를 허물어 줄 수 있는 기술적 혁신으로 평가받고 있습니다.

마이크로소프트의 메쉬를 비롯한 3차원 메타버스 플랫폼들은 대부분 오큘러스 리프트와 같은 HMD[6] 장치를 활용해야 100% 진가를 누릴 수 있습니다. 그런데 하드웨어를 잘 만들기로 소문난 애플이 관련 상품을 출시한다니, 이걸 어떻게 참을 수 있을까요?

2012년 구글이 스마트 안경을 발표했을 때 세상의 반응은 싸늘했습니다. 구글이 같은 제품을 2021년 겨울에 출시하면서 '메타버스 안경'이라 명명했다면 과연 사람들의 반응은 어땠을까요? 상상만 해도 즐겁습니다.

---

[6] Head Mounted Display의 약자로 머리에 착용하는 디스플레이 장치를 의미한다.

CHAPTER 9

메타버스의 뿌리를 찾아서

메타버스, 어느 날 갑자기 하늘에서 뚝 떨어진 건가요?

이미 우리는 메타버스가 무엇인지 어렴풋이 알고 있습니다. 가상 세계 속에서 어떤 일이 일어나는 현상이며, 인터넷으로 연결되어 있고, 다른 사람과 상호작용 할 수 있는 공간이지요. 그리고 그 안에서 업무도 볼 수 있고, 일종의 경제활동까지도 일어납니다. 이 정도가 뉴스 기사에서 다루는 메타버스입니다.

물론 이것이 잘못된 정보는 아닙니다. 그러나 이 정도의 지식만으로는 격변하는 세상 속에서 큰 기회를 잡는 게 어려울지도 모릅니다. 그러므로 지금부터 메타버스란 무엇인지 천천히 조금씩 살펴보겠습니다.

메타버스라는 개념은 우리 예상보다 훨씬 오래전에 등장했습니다. 그리고 메타버스의 개념은 학계나 산업계보다는 SF 소설 분야에서 먼저 정립되었습니다. 학계에서 연구 중이던 가상현실 기술을 대중문화에서 차용하여 미래의 모습을 표현했고, 이에 자극받아 학계와 산업계가 다시 기술 발전에 응용하며 메타버스라는 개념이 발전된 것이지요. 그럼 지금부터 가상현실 기술의 등장과 이것이 메타버스라는 개념으로 정립되어가던 과정을 살펴보겠습니다.

약 200년 전 – 휘트스톤의 스테레오스코프(1833년)

가상현실 기술의 시초가 무엇인지에 대해서는 논란이 있습니다. 현실 세계와 또 다른 가상 세계에 대한 개념은 이미 19세기에도 논의가 되고 있었습니다. 그 당시 인터넷이 발명되기 전이었으므로 현대의 메타버스에 상응하는 개념까지 제안되지는 않았습니다만, 인간이 가상의 세상을 진짜 세상처럼 느끼는 데 필요한 조건들에 대한 상상이나 논의는 활발했습니다.

가상현실 기술은 3차원 입체 영상을 실감 나게 재생하는 기술에 뿌리를 두고 있습니다. 이 점에서 작가는 찰스 휘트스톤 경Sir. Charles Wheatstone이 가상현실의 아버지라고 생각합니다. 휘트스톤은 다양한 분야에 업적을 남긴 물리학자로, 전자공학 전공자라면 누구나 알고 있는 계측기인 휘트스톤 브리지Wheatstone Bridge 역시 그의 업적입니다.

휘트스톤은 1833년에 스테레오스코프Stereoscope라는 개념을 제안했습니다. 벌써 190년 전의 일이네요. 스테레오스코프 기술은 현대까지도 가상현실과 메타버스를 지탱하는 기술적 근간과도 같으므로, 자세히 살펴보겠습니다.

혹시 음향 기기나 음악 재생 앱을 설정할 때 모노Mono와 스테레오Stereo

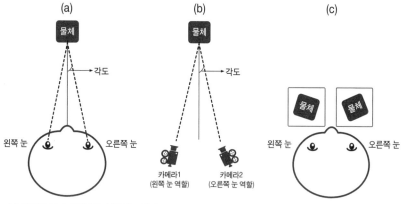

(a) 인간의 뇌가 입체감을 인식하는 원리
(b) 사람의 두 눈을 흉내 내어 두 개의 카메라로 영상 촬영
(c) 두 개의 카메라로 촬영된 서로 다른 화면을 사람의 눈에 각각 비춰 주면 뇌에서 입체 영상으로 인식함

스테레오스코프의 원리

라는 단어를 접해본 적이 있나요? 모노를 선택하면 양쪽 이어폰에서 똑같은 소리가 재생되며, 스테레오를 선택하면 양쪽 이어폰에서 서로 다른 소리가 재생됩니다. 따라서 스테레오 모드에서는 입체적인 소리를 들을 수 있지요. 시각 또한 마찬가지입니다. 스테레오스코프는 양쪽 눈에 서로 다른 이미지를 보여주는 것으로 입체감을 느끼도록 만드는 기술입니다.

사람은 눈이 두 개이므로 입체감을 느낄 수 있습니다. 두 개의 눈은 서로 떨어져 있기 때문에, 동일한 물체를 바라볼 때 양쪽 눈에서 서로 다른 각도로 물체를 인식하여 뇌로 전달합니다. 뇌에서는 입력받은 두 개의 장면을 하나로 조합하여 입체로 인식합니다. 휘트스톤은 이 점에서 착안하여, 양쪽 눈에 서로 다른 사진을 보여주는 것으로 입체 영상을 만들 수 있겠다는 아이디어를 떠올립니다.

　사람의 눈과 같이 약간 떨어진 곳에 두 개의 카메라를 위치시키고, 동일한 물체를 촬영하는 거죠. 이때 두 개의 카메라 위치 차이로 인하여 두 장의 사진은 촬영 각도에 차이가 생깁니다. 이렇게 촬영된 두 장의 사진을 사람의 양 눈에 각각 보여준다면, 뇌에서 입체 영상으로 착각할 것이라는 발상입니다.

휘트스톤이 제안한 스테레오스코프

　휘트스톤은 직접 스테레오스코프로 체험할 수 있는 입체 그림을 그리기도 했습니다. 그리고 휘트스톤의 가설은 맞아떨어졌습니다. 스테레오스코프는 3차원 이미지를 손쉽게 보여줄 수 있는 훌륭한 기술이었으며, 200년 뒤의 후손들도 스테레오스코프를 적용한 영상 장비를 최신 가상현실 기술이라 치켜세우고 있으니 말입니다.

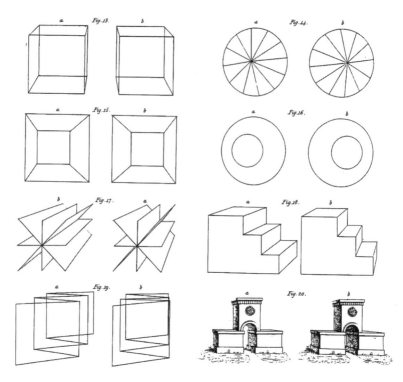

휘트스톤이 제안한 입체 그림들

약 80년 전 - 뷰마스터(1939년)

이 시기는 대공황이 끝나고 2차 세계대전이 시작되던 무렵입니다. 우리나라는 일제강점기를 겪던 시기고요. 이 무렵 윌리엄 그루버William Gruber가 발명한 뷰마스터View-master라는 장비가 미국에서 출시되었습니다.

뷰마스터는 입체 사진을 재생시켜주는 스테레오스코프 장비였습니다. 비록 당시에는 컴퓨터 기술이나 소형 메모리 기술이 발달하지 않아 릴reel이라는 원판에 사진을 고정해 두고, 이 사진을 빙빙 돌려가며 감상

뷰마스터 본체와 뷰마스터 릴

하는 수준에 그쳤습니다만, 고화질의 컬러 입체 영상을 재생할 수 있는 휴대용 장비라는 점은 혁신이었습니다.

뷰마스터는 시장에 신선한 충격을 줬습니다. 그리고 2차 세계대전 막바지인 1942년부터 1945년까지, 미국 국방성에서는 입체 영상 기술을 군사 훈련 목적으로 사용하기 위해 10만 개의 뷰마스터와 6백만 개의 릴을 추가로 구매했습니다.

국가의 주도로 신제품이 대규모로 판매된 것도 즐거운 일입니다만, 엄청나게 많은 군인이 뷰마스터를 체험해 봤다는 사실이 VR 시장의 정착을 훨씬 더 앞당겼을 것입니다. 군대에서 3D 영상을 체험해 봤던 사람들은 사회에 나와서도 입체 영상에 대한 두려움이나 경계심이 적었을 테니 말입니다. 그 덕분일까요? 뷰마스터는 백만 개가 넘게 판매되었고, 릴은 1억 5천만 개가량 판매되었다고 합니다.

뷰마스터를 판매하는 마텔Mattel사에서는 2015년 구글과 합작하여 VR 장비를 만들고 있다는 소식을 발표했습니다. 구글 카드보드 VR 플랫폼을 활용해 스마트폰 애플리케이션과 연동된다고 하네요. 스마트폰을 기기에 삽입하여 사용하는 형태입니다.

약 65년 전 – 시대를 너무 앞선 발명가, 모턴 하일리그(1957년)

영화 기술 전문가 모턴 하일리그Morton Heilig는 1950년대에 체험형 극장Experience Theatre이라는 개념을 제안했습니다. 현대의 4D 영화관과 유사한 개념인데요, 그는 관람객들이 단순히 스크린만 바라보는 것이 아니라 다양한 감각을 함께 느끼며 영화에 몰입하기를 바랐습니다.

하일리그는 1957년에 스테레오스코픽 텔레비전의 특허를 출원합니다. 스테레오스코픽 텔레비전은 양쪽 눈에 서로 다른 화면을 보여주는 방식으로 일종의 입체 영상을 구현하면서, 동시에 양쪽 귀에도 스테레오 사운드로 구현된 음향 정보를 재생할 수 있었습니다. 당연히 컬러 영상을 재생할 수 있었고요.

당시 기술력의 한계가 있었으므로 무게나 부피, 성능은 현대의 제품에 비할 수 없었겠지만, 기술의 콘셉트 자체는 현대의 헤드 마운트 디스플레이HMD와 크게 다를 바 없어 보입니다. 하일리그의 선구안을 엿볼 수 있는 발명품입니다.

하일리그는 여기에서 그치지 않고 1961년에 센서라마 시뮬레이터Sensorama Simulator라는 제품의 특허를 출원했습니다. 센서라마 시뮬레이터

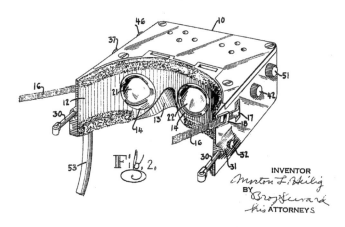

스테레오스코픽 텔레비전 특허 도면 일부

에는 당연히 입체 영상 기능과 스테레오 사운드 기능이 탑재되어 있었습니다.

그뿐만 아닙니다. 센서라마에는 냄새를 풍기거나 바람을 쏘는 기능도 내장되어 있었고, 모션체어 기능도 내장되어 오늘날의 4D 영화와 유사한 체험이 가능했다고 합니다. 헤이릭은 센서라마에서 상영할 수 있는 5개의 전용 영화도 제작했습니다.

센서라마의 사용자는 현실과는 동떨어진 별천지 같은 세계를 느낄 수 있었을 것입니다. 오늘날 센서라마는 최초의 가상현실 디바이스로 인정받고 있습니다. 시각, 촉각, 후각, 청각을 모두 자극한다는 점에서 어찌 보면 현대의 가상현실이나 메타버스 서비스보다도 훨씬 더 가상 세계에 가까운 콘셉트가 아니었을까요?

안타깝게도 하일리그는 투자자를 구하지 못하여 센서라마 프로젝트

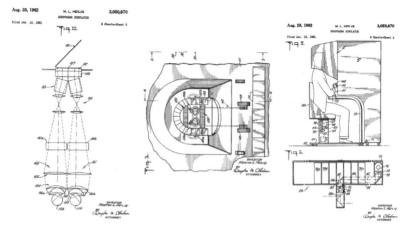

센서라마 시뮬레이터 특허 도면

는 시제품 수준에서 중단되었습니다. 만약 이 무렵 하일리그가 자금을 투자받아 R&D를 지속하며 기술력을 축적하다가 인터넷이라는 세상을 만나는 대사건이 벌어졌다면 어땠을까요? 하다못해 당시에 반도체 기술만 조금 더 발전했었다면 어땠을까요? 어쩌면 우리는 이미 메타버스 세상 속에서 살아가고 있었을지도 모릅니다.

약 55년 전 – 최초의 자세 인식 HMD(1968년)

1968년. 이반 서덜랜드Ivan Sutherland 교수는 〈A head-mounted three dimensional display〉[1]라는 제목의 논문을 발표합니다. 이 논문에서는

---

1 일부 도서나 블로그 등에는 제자와 함께 작업했다고 소개하나, 해당 논문은 서덜랜드 교수의 단독 명의로 발표되었다.

사용자의 머리 움직임에 따라 송출되는 화면의 내용을 실시간으로 조정하는 기술이 소개됩니다. 현재 유통되는 오큘러스 HMD와 작동원리가 비슷하다고 생각하면 됩니다. 서덜랜드 교수가 현대의 가상현실 기술을 정립했다고 봐도 무방하겠네요.

　아래 사진은 논문에서 소개된 HMD 디바이스의 모습입니다. 정수리부터 이마를 관통하는 두꺼운 케이블과 양쪽 눈에 연결된 디스플레이 머신이 인상적입니다. 현대의 제품에 비해 부피가 꽤 큰 것이 특징입니다. 당시에는 소형화된 CPU나 디스플레이 모듈이 없었기 때문일 것입니다.

　그런데 말이지요. 사진을 보고 있으면 소름 돋는 사실을 하나 발견할 수 있습니다. 바로, 컬러 인쇄술의 보급보다도 가상현실 기술의 개발이 더 빨랐다는 점입니다. 현재 전 세계를 떠들썩하게 만들고 있는 가상현

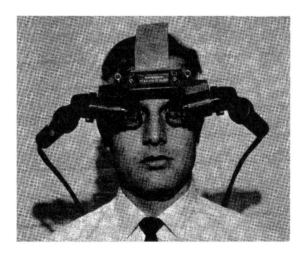

논문에서 소개된 최초의 자세 인식 HMD

실과 메타버스의 물결은 사실상 55년 전의 유산이라 할 수 있겠습니다.

첨단기술의 발명과 그 파급효과의 발생 사이에는 이토록 큰 괴리가 발생할 수 있다는 점을 염두에 두어야 합니다. 이것이 작가가 최신기술과 관련된 주식 종목에 투자를 꺼리는 이유이기도 합니다. 정작 첨단기술을 발명하는 공학자이면서 말이지요.

아래 사진을 보면 천장과 연결된 커다란 기계를 확인할 수 있습니다. 당시에는 초소형 자이로센서 모듈이 보급되지 않았기 때문에, 머리의 움직임을 감지할 만한 장비를 외부에 설치할 수밖에 없었습니다.

또한, 당시에는 컴퓨터의 부피도 매우 컸습니다. 왼쪽 사진의 뒤쪽을 보면 서랍장 같이 생긴 물체가 보입니다. 이 장치에는 전선이 주렁주렁 매달려 있는데요. 아마 이 장치가 HMD를 작동시키는 데 사용된 컴퓨터가

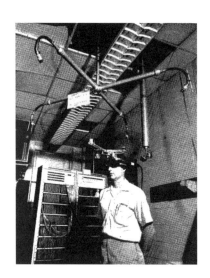

HMD 착용 장면

아닐까요? 보시다시피 휴대성은 없다고 봐도 무방할 것 같습니다.

서덜랜드 교수가 정립한 VR HMD의 구성은 아래와 같습니다.

① 양쪽 눈에 다른 화면을 보여주는 디스플레이
② 헤드 포지션 센서
③ 컴퓨터
④ 센서 정보에 따라 영상 정보를 실시간으로 계산하는 단계
⑤ 계산된 값을 디스플레이로 송출하는 단계

현재 널리 판매되는 최신형 VR 장비와 다를 바 없지요. 현대의 VR 장비는 이반의 아이디어를 바탕으로 소형화된 센서와 컴퓨터를 탑재하고, 디스플레이의 성능을 높였을 뿐입니다.

1970년대부터 현대까지

1970년대 이후에는 VR 장비의 소형화를 위한 연구가 활발하게 진행되었습니다. 컴퓨터 산업의 눈부신 발전으로 인해 반도체를 비롯하여 컴퓨터에 사용되는 부품들이 소형화되기 시작했고, VR 업계에서는 이걸 가져와 HMD에 탑재하기 시작한 것입니다.

또한, 디스플레이의 성능과 CPU의 성능이 향상되며 점차 고화질의 영상을 시청할 수 있게 되었습니다. 1980년대 무렵에는 산업적으로 활용할 수 있는 수준까지 기술이 발전하였으며, 전투 시뮬레이션이나 의

료 목적으로 가상현실이 활용되기 시작했습니다. 이 무렵 가상현실이라는 용어가 정립되기도 했고요.

1990년대에는 개인 사용자를 위한 VR 디바이스가 널리 보급되기에 이르렀습니다. 1991년에 세가SEGA는 메가드라이브라는 가정용 게임기와 호환이 가능한 '세가 VR'이라는 HMD를 출시했습니다. 스테레오스코프 기법을 활용하여 게임 화면을 입체적으로 표현했으며, 센서를 내장하여 사용자의 머리 움직임까지 추적할 수 있었습니다.

90년대의 HMD와 현대의 HMD는 성능 측면에서는 비교조차 안 될 정도로 큰 발전이 있었을 것입니다. 하지만 작동방식과 원리만 생각하면 크게 다를 것이 없습니다. 1970년대 이후 현대까지 이어지는 VR 기술의 발전은 기기의 성능과 가격 하락 정도의 개선뿐이라고 생각해도 무방합니다.

물론 관련 업계 종사자가 아니라면 크게 와닿지 않을 수도 있겠습니다만, 성능 개선이나 무게 감소, 가격 하락도 어마어마한 기술적 진보의 영역으로 볼 수 있습니다. 신기술이 상용화되어 전 세계적인 파급력을 가지려면 반드시 거쳐야 하는 영역이기 때문입니다.

여기에서 우리는 한 가지 사실을 알 수 있습니다. 만약 머리에 디스플레이 장비를 착용하는 형태의 기계장치가 메타버스의 미래라면, 메타버스 기술의 도래는 디스플레이 기술과 GPU[2] 산업이 발전하면 저절로 함께 성장할 것으로 생각할 수 있습니다. 그뿐만 아니라, 메타버스 세상

---

2 반도체의 일종으로, 그래픽과 관련된 연산을 전문적으로 수행하는 장비. 그래픽카드의 핵심 부품.

에서 즐길 수 있는 3D 가상 세계가 충분히 많이 출시되어야 하고, 그것들이 충분히 매력 있어야 메타버스 산업이 본격적으로 성장할 것입니다.

이것이 메타버스 떡밥이 한창 뜨겁던 시절 NVIDIA[3]와 AMD[4], 퀄컴[5], 유니티의 주가가 연일 치솟았던 근본적인 이유입니다.

다음 챕터에서는 우리 일상에 이미 다가와 있던 메타버스의 여러 모습을 재발견해보도록 하겠습니다.

---

3 GPU를 전문적으로 생산하는 기업으로, 지포스(GeForce) 시리즈와 테슬라(Tesla) 시리즈 등이 주력 제품이다.

4 GPU 및 CPU를 전문적으로 생산하는 기업으로, GPU 제품군으로는 라데온(Radeon) 시리즈가 주력 제품이다.

5 대부분 모바일 기기에서 채택한 소형 CPU를 전문적으로 생산하는 기업

CHAPTER 10

메타버스, 이미 오래된 미래

메타버스가 헬멧이나 안경 형태를 벗어날 수 있을까?

2003년, 크리스토퍼 제인스Christopher Jaynes는 〈메타버스: 네트워크로 연결된 저렴하고, 자동으로 설정되는 몰입형 환경〉[1]이라는 논문을 발표합니다. 제인스는 HMD 형태의 가상 세계가 아니라, 빔프로젝터를 활용하여 방 하나를 통째로 가상 세계로 만드는 기술을 제안했습니다.

빔프로젝터로 구현된 메타버스 방(왼쪽)과 메타버스 방의 체험 방식(오른쪽)

---

1 원제목은 "The Metaverse – A networked collection of inexpensive, self-configuring, immersive environments"이다.

제인스는 여러 개의 빔프로젝터 화면을 조정하여 하나로 연결된 거대한 메타버스 방을 만드는 기술을 소개했습니다. 앞의 사진을 보면 이 장치의 작동방식을 알 수 있습니다.

HMD는 돋보기안경을 끼는 원시[2] 사용자에게는 적합하지 않습니다. 작가도 원시가 있어서 돋보기안경을 끼는데요, HMD를 착용하면 초점이 잘 맞지 않으며 간혹 사물이 두 개로 겹쳐 보이므로 몹시 어지럽습니다. 그래서 오큘러스를 착용할 때도 안경을 낀 채 그 위에 HMD를 겹쳐 착용해야 하는데, 몹시 불편하기도 하고 안경테가 휘어질까 봐 조마조마합니다.

그러나 제인스가 제안한 방식으로 구현된 가상 세계라면 안경을 착용한 사람도 불편 없이 가상현실을 즐길 수 있을 것입니다. 이처럼 벽 전체를 화면으로 활용하여 사람들을 가상 세계로 몰입시키는 기술을 편의상 '스크린 기반 가상현실 기술'이라 부르겠습니다.

제인스가 연구하던 당시에는 대규모 LED 스크린이 발명되기 전입니다. 현재 우리가 살아가는 세상에서는 빔프로젝터가 아니라 QHD급 초고화질 스크린으로 벽 전체를 도배하는 것도 가능합니다. 몰입도를 얼마든지 높일 수도 있다는 뜻이지요.

실제로 이를 활용하여 가상현실 세계를 배경으로 촬영된 영상이 국내에서도 제작되고 있다는 사실을 아시나요? 비브스튜디오스라는 회사

---

2 가까이 있는 물체가 흐리게 보이는 증상. 노안도 원시의 일종이다.

비바스튜디오의 가상현실 세트장

는 벽면과 바닥, 천장 전체를 LED 스크린으로 제작하고 가상의 화면을 송출하는 가상현실 스튜디오 기술을 보유하고 있습니다.

2003년에 비해 현재는 고화질 디스플레이 기술이 크게 발달하였습니다. 따라서 잘 촬영된 영상은 실물과 화질 측면에서 큰 차이가 없어졌지요. 이게 가상현실 세트장이라는 신기한 영역까지도 개척해버린 것입니다.

기술적 토대는 충분히 축적되었으니 이제 어느 타이밍에 응용 사례가 나와도 이상하지 않은 상황입니다. 외국에 띄워 둔 무인조종 드론에서 송출된 영상을 받아와 실시간으로 가상현실 스튜디오에 화면을 띄워놓고 무언가를 해 볼 수도 있겠지요.

혹은 회의실 영상을 가상현실 스튜디오에 띄워 두고, 세계 각국에 있는 사람들과 실감 나는 가상현실 세계 속에서 회의하는 모습도 어렵지 않게 만나볼 수 있을지도 모릅니다.

직설적인 표현이지만, 체면을 중요하게 여기는 사람들은 HMD를 착용한 모습이 꼴사납다고 이야기하기도 합니다. 스크린 기반 가상현실 기술로 구현된 메타버스 세상은 이런 분들에게도 거부감 없이 다가갈 수 있다는 장점이 있어 주목받고 있습니다.

메타버스가 정확히 무엇일까?

스크린골프나 스크린야구 역시 대표적인 스크린 기반 가상현실 서비스입니다. 유니티로 구현된 가상의 3차원 세계를 빔프로젝터로 벽에 비추는 방식으로 구현된 가상현실 위에서, 우리는 골프채도 휘두르고 공도 날려 보내며 상호작용하고 있었던 것입니다.

스크린골프를 경험해 본 적이 있는 사람이라면 의외로 몰입감이 상

골프존 광고영상 일부

당하다는 점을 공감할 것입니다. 아마 작가와 같이 원시가 있는 사람들은 수십만 원짜리 고급형 HMD VR 기기보다도 스크린골프가 훨씬 현실감 느껴지며, 부담 없이 즐길 수 있다고 생각할 것 같습니다.

스크린골프로 유명한 '골프존'은 전국에 가맹점을 확보하고 있습니다. 우리도 모르는 사이에 대한민국은 이미 메타버스 강국이 되어 있었던 것입니다. 그러나 메타버스 열풍이 불어닥치던 2021년 하반기에도 메타버스 관련 정책이나 기사에서 스크린골프를 언급한 횟수는 매우 적었습니다. 게더타운과 같은 2차원 게임 형태의 서비스보다는 스크린골프가 훨씬 메타버스 세상과 가까울 텐데 왜 그럴까요?

이를 두고 '재미있으면 게임, 재미없으면 메타버스'라는 농담 섞인 비판의 목소리도 있었습니다. 작가는 이런 이야기를 들으면 쓴웃음이 납니다. 아주 틀린 이야기는 아니기 때문입니다.

어떤 가상현실 시스템이 메타버스로 분류되는지 아닌지는 사실 기술적 측면의 정의가 아니라 UX 측면의 정의에 조금 더 크게 의존합니다. UX란 사용자 경험User eXperience의 줄임말입니다.

결과적으로 사용자가 서비스를 사용하면서 느끼는 주된 감상이 '재미있는 경험'이면 게임이며, '현실의 위치적 장벽을 넘어선 연결'에 해당하면 메타버스입니다. 이것이 현재 산업계에서 통용되는 메타버스의 정의라 생각해도 무방합니다.

대부분 MMORPG는 기술적으로는 메타버스에 해당합니다. '현실의 장벽을 넘어선 연결'이라는 가치를 제공하므로, 온라인 게임이 메타버스가 아니라고 주장할 만한 근거가 오히려 희박하다고 생각할 수도 있겠네요.

"신논현역에서 만나 미팅하는 것과 부여성 동쪽[3]이나 스톰 윈드[4]에서 만나 채팅으로 회의하는 것과 무엇이 다르냐?" 작가가 또래 친구들에게 메타버스를 설명할 때 즐겨 사용하는 비유입니다. 평상시 즐기던 게임이라도, 재미가 아니라 연결을 목적으로 활용한다면 그때는 메타버스라 할 수 있는 것입니다.

다만 재미보다는 연결에 초점을 준 게더타운과 같은 서비스는 재미를 추구할 수 있는 기능을 상당 부분 제외하고 출시되었습니다. 그렇기에 비즈니스용 메타버스 플랫폼은 재미보다는 연결이라는 행위가 필요한 사람들이 주로 모이는 서비스가 되었으며, 결과적으로 재미없으면 메타버스라는 인식이 퍼지게 된 계기가 되었습니다.

게이머들은 "메타버스는 전혀 새로운 것이 아니라 온라인 게임의 일부일 뿐"이라며 메타버스 산업을 맹렬하게 비판했습니다. 이 주장도 납득이 갑니다. 온라인 게임의 제작에 들어간 기술 중 일부를 떼어 와 만들어진 것이 메타버스 서비스니까요.

하지만 도구의 사용 목적에 따라 분류가 달라질 수도 있다는 점은 간과해서는 안 될 일입니다. 누군가에게는 밥을 먹을 때 사용하는 숟가락이, 맥주병을 열어야 하는 누군가에게는 병따개로 사용될 수도 있잖습니까?

비슷한 형태, 비슷한 조작 방법, 비슷한 기술로 구현된 서비스라 하

---

3 넥슨에서 출시한 온라인 RPG 게임 〈바람의 나라〉에 등장하는 명소
4 블리자드에서 출시한 온라인 RPG 게임 〈World of Warcraft〉에 등장하는 명소

더라도 그 서비스가 추구하는 UX, 그러니까 핵심 가치에 집중하는 것이 게임과 메타버스를 구분하는 본질적인 방법이라 하겠습니다.

다시 스크린골프 이야기로 돌아가 볼까요? 스크린골프는 온라인으로 연결된 가상현실 서비스이며, 게임 스코어가 서버를 통해 전국의 다른 사용자들과 서로 연동되어 경쟁도 할 수 있습니다. 하지만 국내에 출시된 스크린골프 서비스들은 연결이 아니라 골프 플레이를 주된 목적으로 하고 있습니다. 그렇기에 스크린골프 업체들은 자신을 메타버스 업체라 주장하며 보도자료도 내고 있지만, 일반인들은 그저 놀이 장소 정도로만 생각하는 것이지요.

스크린골프 업체들이 거래처 사람과 영상통화를 하며 골프를 즐길 수 있는 기능을 추가하거나, 다른 매장에서 골프 중인 거래처 사람을 화면 속에 3차원으로 합성해 준다면 어떨까요? 실제 골프장에서 함께 라운딩하는 기분을 느끼며 자연스럽게 비즈니스 이야기를 꺼낼 수 있을 것입니다. 그렇다면 이것은 메타버스라 부르기에 손색이 없어지지요.

기술적으로 큰 진보 없이 기능만 약간 수정해서, 결과적으로 사용자에게 연결과 관련된 새로운 경험을 줄 수 있다면 기존 산업계가 메타버스 산업계로 편입되는 것은 그다지 어려운 일이 아닙니다. 이를 내다봤던 손정의 회장 같은 선구자들이 몇 년 전부터 오프라인 데이터를 디지털화하는 기업에 큰돈을 투자해왔고요.

멀리서 보면 서로 떨어져 있었던 사건들이 한 가닥의 실로 꿰어지고, 비로소 일반인의 눈에도 띌 정도로 크게 덩치를 부풀리는 게 2021년의 모습이 아니었나 생각해 봅니다.

메타버스, 소설가들이 꿈꾼 미래

작가가 처음 크리스토퍼 제인스의 논문을 접하고 꽤 놀랐던 기억이 납니다. 2003년에 이미 메타버스의 개념에 대해 현대와 다를 바 없는 정의가 완성되어 있었기 때문입니다. 그런데 메타버스가 최초로 언급되고 정의된 것은 훨씬 예전이라는 사실에 한 번 더 놀랐습니다. 이미 1998년에도 메타버스와 관련된 논문이 발표된 적이 있었거든요.

"메타버스 세상, 정말 오나? 거의 다 왔나? 이미 왔나?" 이와 같은 떡밥은 사실 20년 전부터 뜨거웠습니다. 우리가 접할 기회가 적었을 뿐이지요. 마이클 지다Michael Zyda는 2003년에 국제학회에서 〈이제 메타버스 세상이 시작되나?〉[5]라는 논문을 발표했습니다. 메타버스를 옹호하거나 비판하는 토론회도 당시 이미 열렸고요.

사실 메타버스라는 개념은 엔지니어가 아니라 소설가들이 꿈꾼 미래의 모습입니다. '메타버스'라는 단어는 닐 스티븐슨Neal Stephenson이 1992년에 발표한 소설 《스노 크래시Snow Crash》에서 처음 사용되었다고 보는 것이 정설입니다. 스티븐슨은 책에서 인터넷 속의 세상을 살아가는 사람들의 이야기를 언급하며, 이 가상 세계의 이름을 메타버스라고 소개합니다.

여담으로 《스노 크래시》는 2008년에 국내에 출간되었다가 7점대의 평점을 받고 절판되었던 책입니다. 하지만 메타버스 열풍에 힘입어 2021년에 다시 국내에 발매되어 베스트셀러가 되었습니다. 내용을 개

---

5 원제목은 "Does the Metaverse start now?"이다.

정했을 리는 없으니 책 본연의 내용보다는 메타버스 세계를 예견했다는 기념비적 가치 때문이라 생각됩니다.

메타meta는 위쪽이나 초월을 의미하는 단어입니다. 교육학을 공부한 분들은 메타인지[6]라는 단어를 떠올려 보면 좋을 것 같습니다. 메타인지는 우리의 '인지'라는 행동 위에 한층 더 '인지'라는 막을 감싸는 것과 유사한 개념입니다. 메타버스는 우리의 세상universe 위에 한층 더 얇은 막을 덧씌우듯이, 가상의 세계를 덧씌우는 개념에서 유래된 단어라고 이해해도 무방합니다.

사실 가상 세계에 푹 빠져 살아가는 사람들의 모습을 처음 예견한 것은 스티븐슨이 아닙니다. 따지고 보면 모턴 하일리그가 꿈꿨던 '몰입된 경험'이라는 꿈 역시 일종의 메타버스 세상을 향한 상상이었다고 볼 수 있을 것이며, 미국 국방성에서 뷰마스터를 군사 목적으로 구매한 것 역시 가상 세계에서의 경험이 현실 세계에도 영향을 끼칠 수 있다고 판단했기 때문이니까요. 결과적으로 현실 세계가 가상 세계와 연결되는 것은 이미 오래전부터 상상해왔던 개념이라는 것입니다.

그 와중에 닐 스티븐슨이 대단한 이유는 사람들이 인터넷으로 연결되어 가상 세계 속에서 상호작용할 수 있는 세상에 대한 상상을 펼쳐놓았기 때문입니다. 당시에는 인터넷이라는 개념 자체가 낯설었고, 웹브

---

6 인지에 대한 인지, 자신의 생각에 대해 판단하는 능력. 자신의 생각을 한 단계 위에서 바라보며 객관적으로 고찰할 수 있는 능력을 의미한다. 메타인지가 잘 되는 사람은 자신의 판단이 옳은지 아닌지를 객관적으로 판단할 수 있으며, 메타인지가 부족한 사람은 자신이 무엇을 모르는지조차 모를 수 있다.

라우저의 성능도 부족하여 서로 텍스트를 주고받는 수준에 불과했습니다. 이미지를 본문에 삽입하는 기술조차 보급되기 전이었고요. 따라서 아직 통신 기술이 충분히 발달하고 널리 보급되기 전에 가상 세계에서의 연결행위를 묘사한 것은 선구안 그 자체라 할 수 있습니다.

그래서일까요? 원래 메타버스라는 용어는 스티븐슨이 《스노 크래시》에서 예견했듯이 사람들이 입체로 표현된 가상 세계에서, 현실 세계와 유사한 감각을 느끼며, 마치 현실 세계의 대체재처럼 활동할 수 있는 가상 세계를 의미하는 것으로 사용되었습니다. 이후 각종 사이버펑크 SF 소설들이 비슷한 개념을 다루면서 이러한 개념은 더욱 공고히 정립되어갔습니다.

이처럼 메타버스의 본래 정의를 깊게 옹호하는 사람들은 게더타운 같이 모니터 속에서 펼쳐지는 2차원 세상은 메타버스가 될 수 없다며 비판하기도 합니다.

IT 강국 대한민국의 사례도 살펴봐야지요. 대한민국은 한때 세계 최초의 그래픽 온라인 게임을 출시했다고 자부하던 국가였습니다.[7] 전국에 PC방이 생기며 많은 사람이 게이머의 혼을 태우던 90년대 중후반. 게임을 소재로 한 소설을 쓴 작가도 등장했습니다.

---

[7] 한때 '바람의 나라(1996)'가 세계 최초의 그래픽 온라인 게임이라고 넥슨에서 대대적으로 홍보하였으나, 현재는 '쉐도우 오브 서비우스(1992)' 등 더 오래된 그래픽 온라인 게임들이 알려지며 관련 슬로건은 내려간 상태다. 다만, 세계에서 가장 오래 서비스 중인 그래픽 온라인 게임은 '바람의 나라'가 맞다.

김민영 작가는 1999년 《옥스타니칼의 아이들》이라는 소설을 출간합니다. 이 소설에는 가상현실 온라인 게임인 '팔란티어'가 등장합니다. 《스노 크래시》의 메타버스처럼 주인공은 팔란티어에 접속하여 마치 현실 세계처럼 가상 세계에서 다른 사람들을 만나고 활동합니다. 여담이지만, 이 책은 당시 판매량이 저조하여 출판사 측에서 책 재고를 모두 불태우기까지 했습니다. 하지만 국내 최초로 메타버스 세상을 다룬 소설이라는 역사적 가치로 인해 최근 들어 이 책을 읽어보려는 사람들이 많아졌다고 합니다.

이후 국내에는 온라인 게임이라는 키워드를 가상현실과 엮어 낸 소설들이 대거 출시되면서, 아예 '게임 판타지'라는 독자적인 장르가 자리를 잡기까지 합니다. 이후 다양한 도서가 출간되다가, 국내에서 종이책으로만 85만 부가 팔린 《달빛 조각사(2007~2019)》가 등장하면서 한국인들에게 '가상현실 RPG 세계'는 매우 익숙한 개념으로 자리잡기에 이르렀습니다. 이것이 대한민국의 20~30대가 메타버스라는 개념을 낯설어하지 않는 가장 큰 이유 중 하나일 것입니다.

메타버스의 미래

게임 판타지 소설로 메타버스를 접한 사람들은 국내 장르 소설 시장에서 널리 사용되던 클리셰에 익숙합니다. 대표적인 클리셰는 아래와 같습니다.

① 가상현실에 접속하기 위하여 특별한 장비가 필요하다.

② 가상현실 속 유명인이 현실 세계의 연예인보다 인기가 좋다.

③ 가상현실에서 익힌 기술이 현실 세계의 숙련도에도 영향을 미친다.

④ 사용자는 뇌파를 통해 감각을 느끼고 가상현실 속 캐릭터를 움직인다.

위 네 개의 클리셰를 현재의 메타버스 산업과 비교해 보겠습니다. 먼저 가상현실에 접속하려면 특별한 장비가 필요한 것이 사실이며, 이 장비와 관련된 기업의 주가가 큰 폭으로 상승했습니다. 그뿐만 아니라 가상현실 속에서 인지도를 쌓은 사람이 현실 세계에서도 큰 인기를 얻는 일도 이미 벌어지고 있는 사실입니다. 유튜브나 트위치 TV를 살펴보면 버튜버[8]의 인기를 쉽게 체감할 수 있지요.

③ 역시 논란의 여지가 없으리라 생각됩니다. 미국 국방성이 군사훈련 목적으로 뷰마스터를 비롯한 VR 기기를 대량으로 구매하는 것이나, 가상 운전 시뮬레이터로 운전 연습을 하고 실제 운전면허를 딸 수 있는 VR 운전학원들이 이를 입증하는 사례입니다.

다만 ④는 아직 공상 과학의 영역입니다. SF 소설에서는 감각의 동기화를 구현하는 수단으로 뇌파라는 설정을 많이 사용하지만, 현실 세계

---

8 버추얼 유튜버(Virtual Youtuber)의 줄임말로, 모션캡처 장비를 활용하여 가상의 캐릭터를 조작하며 방송을 진행하는 유튜버를 의미한다. 음성변조 기술과 실시간 3D 캐릭터 모션 변경 소프트웨어를 사용하여, 남녀노소 누구나 가상의 캐릭터를 연기할 수 있다. 일본에서는 버튜버 팬 싸인회가 개최되기도 한다.

에서 인간의 뇌파를 조작하여 가짜 감각을 느끼게 만드는 것은 아직 불가능한 영역입니다. 이는 뇌과학계의 숙제일지, 혹은 소설에서만 가능한 영역일지 잘 모르겠습니다.

하지만 가상 세계의 몰입이라는 영역에서 감각적 체험이 매우 중요한 비중을 차지하고 있다는 점은 부정할 수 없는 사실일 것입니다.

다만 쥐를 대상으로는 어느 정도 연구가 진행되었습니다. 아래 사진은 PhenoSys 사의 젯볼JetBall이라는 제품 사진입니다. 이것은 쥐의 뇌를 연구하기 위하여 만들어진 제품인데요, 가운데 하얀 공 위에 올려놓은 까만색 덩어리가 바로 쥐입니다.

뇌과학자들은 쥐의 뇌에서 일어나는 일을 연구하는 경우가 많습니다. 덩치에 비해 지능이 높고, 온순하며, 뇌의 구조가 비교적 잘 알려져 있기 때문입니다. 쥐의 머리뼈에 구멍을 뚫어 뇌의 특정 부위에 전극을

PhenoSys 사의 JetBall-Dome 제품

삽입하고, 쥐를 젯볼 위에 올려둡니다. 그리고 스크린을 통해 가상현실의 영상을 보여주는 것입니다.

젯볼을 활용한 연구 결과들은 쥐가 가상 세계에서도 현실 세계와 비슷한 감각을 느끼며, 비슷한 자극을 받고 비슷한 행동을 취한다는 사실을 입증했습니다. 아무래도 인간보다 쥐의 지능은 낮은 편이므로 현실 세계와 가상 세계를 잘 구분하지 못할 것입니다. 쥐를 위한 가상 세계, 쥐타버스 그 자체입니다.

최근에는 이에 대한 검증은 거의 끝난 것으로 간주하고, 가상현실 속에서 다양한 자극을 주면서 "쥐의 뇌는 이런 상황에서는 이런 식으로 반응한다."라는 패턴을 밝혀내기 위한 연구가 주로 진행되고 있습니다.

아직 사람들의 메타버스처럼 다른 쥐의 영상을 띄워 두고 가상 세계에서 여러 쥐들이 상호작용할 수 있는지, 혹은 암컷 쥐와 수컷 쥐를 가상 세계에서 만나게 하면 서로에게 끌림을 느낄지 등 상호작용에 관한 연구는 미비한 상황입니다.

그리고 쥐를 대상으로 연구가 많이 진행되면, 조금씩 인간의 뇌에도 적용할 수 있는 기술이 등장할지도 모릅니다. 어쩌면 뉴럴링크[9]와 같이 신경과 상호작용할 수 있는 장치를 뇌에 삽입하는 것이 낯설지 않은 시대가 온다면 현실적인 감각을 재현하는 것이 가능해질지도 모르겠습니다.

뇌파를 이용하건, 혹은 뇌파를 활용한 방법이 불가능하다는 사실이 입증되어 다른 방식의 특수한 장비가 개발되건, 메타버스 산업의 남은

---

9 일론 머스크의 사업 중 하나로, 뇌에 칩을 삽입하여 여러 가지 편의를 누리려는 시도

숙제는 생생한 감각의 제공입니다. 정말 현실과 별반 다르지 않은 감각을 느낄 수 있는 가상현실 기술이 도입된다면 어떨까요? 아마 그 순간이 메타버스가 전 세계를 집어삼키는 시점이 될 것입니다.

메타버스 속 기회를 선점하려는 사람들, 새로운 경험을 원하는 사람들, 그리고 현실 세계를 떠나고 싶은 사람들이 앞다투어 장비를 구매할 것입니다. 개발사 입장에서는 비즈니스용 메타버스보다 게임산업이 훨씬 크고 돈이 많이 흐르는 시장이므로 게임을 먼저 출시할 가능성이 큽니다. 그렇다면 현재 사람들이 예측하는 '비즈니스 솔루션'으로서의 메타버스보다 훨씬 큰 산업적 가치를 창출할 것이고요.

다만 인류의 기술력이 언제쯤에야 그 영역에 닿을 수 있을지는 미지수입니다. 하나 확실한 것은, HMD를 벗어난 새로운 장비가 언젠가는 등장하여 메타버스 산업의 규모 자체를 바꿔놓을 것이라는 사실입니다. 그리고 그때가 되면 3차원 가상 세계와 콘텐츠를 구현하기 위한 소프트웨어 엔진의 중요도가 더욱 높아질 것이고요.

생생한 감각의 제공이나 디스플레이 기술의 급진적인 발전이 너무 먼 미래라고 생각된다면 메타버스용 게임엔진 전문 기업에 미리 투자해두는 것도 나쁘지 않을 것 같습니다.

스페셜 부록

테크 트리니티 시대, 수익의 자동화

자동화의 시대, 수익 자동화를 위하여

수익 자동화의 형태와 실상

수익 자동화의 필요성은 사실 길게 논의할 필요가 없는 주제입니다. 가만히 있어도 자동으로 돈이 들어온다면 누가 마다할까요? 하지만 수익 자동화의 형태에 대해서는 조금 이야기를 나눠볼 만한 가치가 있습니다.

SNS를 둘러보면 수익을 자동화하는 방법을 알려주겠다는 광고가 매우 많습니다. 심지어 수익 자동화를 다룬 전자책을 수십만 원대의 가격에 판매하는 경우도 있고요. 그게 실제로 구매까지 이어지기 때문에 이런 책이 비싸게 팔리는 것일지도 모르겠습니다.

그런데 막상 강의를 수강하거나 전자책을 구매해 내용을 살펴봐도 현재 상황과 맞지 않아 시도할 수 없는 경우도 많을 것입니다. 이 점을 고려하여, 현재 알려진 수익 자동화 방법들에 대해 가볍게 논의해 보도록 하겠습니다.

콘텐츠 판매형

가장 쉽게 광고를 접할 수 있는 유형입니다. 주로 전자책이나 강의 영상을 만든 다음, 온라인 커머스 플랫폼 또는 외주 대행 플랫폼을 통해 판매하는 전략입니다. 결과적으로 출판물 작업과 다를 바 없는 노력이 필요하므로, 수익을 자동화한다고 보기에는 부족함이 있습니다. 냉정한 시선으로, 마케팅의 일환 정도로 받아들이기를 바랍니다.

다만, 본질적인 문제점이 있습니다. 광고에서는 마치 누구나 조금씩 시간을 투자해 큰돈을 벌 수 있는 것처럼 이야기합니다만, 책이라는 매체는 혼자 원고 작성부터 편집까지 하는 것보다는 출판사의 기획자, 편집자와 협업할 때 훨씬 완성도가 높아집니다. 프로 작가도 마찬가지고요. 혼자서 모든 걸 해결하려다 보면 들인 시간에 비해 기대에 못 미치는 결과물이 나올 수도 있습니다.

그리고 시장이 좁다는 문제점이 있습니다. 사람들은 대형 출판사에서 출간한, 저명한 작가의 책도 잘 구매하지 않습니다. 하물며 개인이 출판한 전자책을 비싼 가격에 구매해 줄 사람들은 명확하게 한정되어 있습니다. 매번 전자책을 구매하던 소수의 사람이 반복해서 콘텐츠를 구매하는 시장입니다.

그런데 그들도 전자책이라고 해서 다 구매하는 것도 아닙니다. 그들이 주로 찾는 책은 거래 플랫폼 내에서 인지도를 쌓은 유명인의 책이 대부분입니다. 따라서 이 방법은 개인이 처음 진입할 경우, 꽤 긴 시행착오를 겪어야 할 수도 있다는 점에 주의가 필요합니다.

그뿐만 아니라, 현실적인 문제도 있습니다. 실제로 콘텐츠 판매형 수익 자동화를 주장하는 광고나 관련 전자책을 보면 ISBN조차 발행되지 않은 경우가 많습니다. 정식 출간물이 아니라 그저 PDF로 작성된 전자문서를 돈 받고 파는 행위지요. 여기에서 세법상 문제가 약간 발생합니다.

위 행위는 출판사를 통한 인세 수입과 달리 사업자등록이 필요한 업종입니다. 콘텐츠를 제작하여 출판권만을 판매하는 인세 수입과 달리, 완제품인 전자책의 판매 행위가 필요하기 때문입니다. ISBN을 받고 정식으로 책을 유통하려면 출판사 등록까지 필요한데요, 대부분 이 절차를 생략하고 파일을 판매하기 때문에 ISBN이 기재되지 않는 것입니다.

따라서 공직자 겸직금지의 예외항목인 '저작권 수입'에도 해당하지 않습니다. 사기업이라 하더라도 취업규정 내에 별도의 겸직을 금지하는 항목이 있을 경우 이 방법은 사용할 수 없습니다. 이 점 주의가 필요합니다.

블로그형

블로그 운영 수익으로 대기업을 퇴사했다는 자극적인 문구가 걸린 광고를 쉽게 접하셨을 것입니다. 블로그형 수익 자동화는 많은 사람이 블로그를 방문하게 만들고 여기서 발생하는 광고비를 확보하거나, 혹은 기업 측에서 제품 홍보 등의 목적으로 돈을 주며 게시물 작성을 의뢰하는 광고집행비를 수입으로 가져가는 방식입니다.

블로그에 게시물을 작성해야 한다는 점에서 콘텐츠 판매형과 마찬가지로 콘텐츠 제작을 위한 시간과 노력이 필요합니다. 따라서 이것도 수익의 자동화라고 보기에는 한계가 있습니다.

광고비는 광고를 제공하는 쪽에서 기타소득 또는 사업소득으로 처리하여 제공하는 경우가 일반적입니다. 따라서 별도의 사업자등록 없이도 수익 창출이 가능합니다. 소득 금액은 5월 종합소득세 신고 당시 집계됩니다.

하지만 공직자의 블로그 운영은 영리활동으로 분류되어 겸직 허가가 필요합니다. 블로그를 지속해서 관리하고 게시물을 올리는 행위는 '영리 업무'로 분류되기 때문입니다. 이 또한 블로그형 수익 자동화가 자동화에 해당하지 않는다는 것을 단적으로 보여주는 항목입니다. 때에 따라 기업의 취업규칙에서 블로그 수익을 금지하는 경우도 있으므로 확인이 필요합니다.

물품 판매형

가장 널리 광고가 이뤄지는 항목입니다. 현재 광고로 돌아다니는 수익 자동화 방안 중, 유일하게 자동화라는 본연의 의미에 충실한 방법론이긴 합니다.

별도의 온라인 쇼핑몰을 창업하고, 거기서 들어오는 주문 건들을 자동으로 처리하는 방식으로 진행됩니다. 특히 해외직구 대행업의 경우, 해외 사이트에 올라온 물품을 그대로 연동해 오는 경우도 있습니다. 소비자가 물품을 구매하면, 그 즉시 자동화된 소프트웨어로 해외 사이트에 동일한 물품을 주문하여 소비자가 물건을 받아볼 수 있도록 연결해주는 방식입니다.

별도의 사업자등록과 통신판매업 등록이 필요합니다. 일정부분 수익이 자동화되는 부분은 있지만, 부업이라고 하기에는 부담이 큰 편입니다. 당연히 공직자나 많은 직장인은 시도할 수 없는 방법입니다. 수익은 전액 사업소득으로 잡히고요.

광고 집행자도 이 점을 알기 때문에, 사업자등록이 필요하다는 이야기는 쏙 빼놓고 광고하는 경우가 많습니다. 강의 수강 버튼을 누르면 그제야 공직자는 할 수 없는 방법이라는 사실을 깨닫고 시무룩해진 분들의 생생한 후기를 전해 들었습니다.

우리가 원하는 수익 자동화와는 조금 다른 모습입니다. 신분에 제약을 크게 받지 않고, 많은 시간을 투입할 필요 없으며, 잠을 자는 동안에도 돈이 들어와야 진정한 의미의 수익 자동화라고 할 수 있지 않을까요?

테크 트리니티 시대의 수익 자동화

진정한 의미의 수익 자동화에 도달하려면 판매 과정에서 계약서를 작성하는 등의 절차가 필요할지언정 콘텐츠 생성을 컴퓨터가 대신해 주고, 수익 정산도 자동으로 진행되어야 합니다. 아마 요즘 흔히 광고하는 수익 자동화 방법은 현실적으로 큰돈이 되지 않는 방법론들이거나 일반인들이 기획할 수 있는 기술력의 한계에 다다른 수준이라 생각됩니다.

정말로 돈이 되는 데 노력이 필요 없는 방법이 있다면 혼자서 조용히 하지, 광고할 이유는 없을 테니까요. 하지만 블록체인 생태계가 개척한 테크 트리니티 시대에서는 조금 이야기가 달라졌습니다. 발 빠르게 진입하여 큰 수익을 얻으려는 사람들은 한 명이라도 더 생태계 안으로 데리고 와야 한다는 숙제를 안게 되었습니다.

블록체인 생태계에 몸담은 사람들이 많아질수록 코인의 가격이 올라가며 관련 애플리케이션의 개발이 촉진될 것이고, 메타버스 세상에 관심을 두는 사람들이 많아져야 메타버스 접속자가 늘어나며 가상 세계 속 경제가 성장할 수 있기 때문입니다.

이 철학과 가장 깊게 맞닿아 있는 수익 자동화의 형태가 바로 마이닝 풀Mining Pool입니다. 대형 개발자들이 누구나 채굴에 참여할 수 있는 네트워크 서비스를 구축해 두고, 개인들이 GPU를 활용하여 채굴 과정에 참여해 코인을 나눠 가지는 형태입니다. 컴퓨터를 세팅해 두기만 하면 그 뒤로는 컴퓨터가 알아서 돈을 벌어오므로 진정한 의미의 수익 자동화라고 할 수 있습니다.

하지만 채굴은 고성능 연산장치가 필요하므로 초기 비용이 발생합니다. 결과적으로 수익을 지속해서 확보하기 위하여 초기에 시간을 투입하느냐, 돈을 투입하느냐의 문제로 되돌아옵니다. 시간과 돈 양쪽 모두를 동일한 '비용'항목으로 본다면, 채굴 역시 앞서 살펴본 수익 자동화와 크게 다를 바는 없습니다. 하지만 NFT와 메타버스까지 보편화되어가는 오늘날에는 진정한 의미의 수익 자동화에 한 발 더 다가간 시도가 가능해졌습니다.

작가는 수익 자동화에 관심이 많아 예전부터 몇몇 프로그램을 제작하여 사용해 보기도 하고, 무료로 배포해 보기도 했습니다. 돈을 자동으로 벌고 싶다는 이름에서 이 프로젝트에 머니오토Money Auto[1]라는 이름을 붙였습니다.

이 머니오토를 활용하여 암호화폐, NFT, 메타버스 수익 자동화를 시도하는 방법을 다음 챕터에서 살펴보겠습니다.

머니오토

---

1 https://needleworm.github.io/moneyauto

암호화폐 트레이딩 자동화

알고리즘 트레이딩 전략

이번 챕터에서는 암호화폐 자동 거래 시스템을 활용한 수익 자동화 방법에 대하여 다뤄 보겠습니다.

동학 개미로 대표되는 주식 투자자들 사이에서 전설처럼 떠도는 이야기가 있습니다. 금융가에서 만든 AI가 돈을 쓸어 담았다더라, 천재 해커가 만든 자동 투자 프로그램이 수백억 원을 벌었다더라 하는 이야기 말입니다.

이처럼 컴퓨터 프로그램을 설계하여 주식을 자동으로 거래하는 방식을 알고리즘 트레이딩algorithm trading이라고 합니다. 컴퓨터 알고리즘을 활용한 매매 방식이라는 뜻입니다.

알고리즘은 컴퓨터에 미리 입력해 둔 작동원칙을 의미한다고 생각하면 됩니다. 컴퓨터는 입력된 알고리즘에 따라 매수 타이밍과 매도 타이밍을 계산할 것입니다. 바꿔 말하면, 알고리즘을 어떻게 설계하느냐에 따라 수익률과 리스크가 천차만별이 될 수도 있다는 이야기입니다.

작가는 리스크 없이 떼돈을 벌 수 있는 알고리즘은 설계할 줄 모릅니다. 수익이 큰 투자방법은 리스크도 높다는 것이 익히 알려진 정설입니다. 그런데 그것이 항상 반비례하는 것도 아닙니다. 때로는 수익률이 1%p 개선되면서 MDD[1]는 10%p가 커지는 경우도 있습니다. 따라서 무작정 수익률을 높이는 방법은 고려하지 않고 있습니다.

다만 매우 직관적이고, 이해하기 쉬운 방법을 사용하고 있습니다.

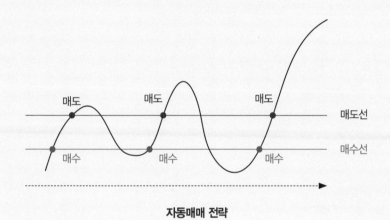

자동매매 전략

① 매수선과 매도선을 입력합니다.

② 현재 코인 가격이 매수선보다 낮을 때 코인을 매수합니다.

③ 현재 코인 가격이 매도선보다 높을 때 코인을 매도합니다.

④ 계속 반복합니다.

---

1 Maximum Drawdown, 투자기간 내 최대 하락폭

무척 간단하지요? 작가는 아무리 수익률이 높다고 광고하더라도 그 작동 원리가 이해되지 않거나, 리스크에 대한 의문이 해소되지 않는 방법론은 사용하지 않으려고 합니다. 그리하여 수익률이 낮을 수는 있지만, 작동 원리는 확실하게 이해할 수 있는 방법론을 도입했습니다.

이 방법론은 큰 폭으로 횡보하는 종목에서 가장 수익률이 높습니다. 반면 상승장에서는 약간의 수익만 얻을 수 있으며, 하락장에서는 큰 손해를 입을 수도 있습니다.

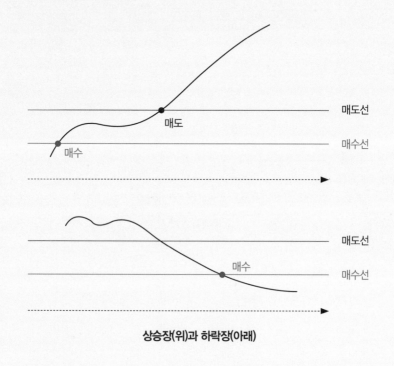

상승장(위)과 하락장(아래)

작가는 시장의 성장이나 펀더멘털로의 수렴 등 이성과 논리가 통하는 투자는 장기투자에서만 가능하다고 생각하며, 단기투자는 무작위로 움직이며[2] 예측할 수 없다고 생각합니다. 따라서 만약 현재의 코인 가격이 단기적으로 (횡보, 상승, 하락)이라는 3개의 갈림길에서 움직인다면, 그중 2개에 해당하는 (횡보, 상승)에서 손해를 보지 않는 방법을 채택한 것이기도 합니다.

이 방법론에 충분히 동의하며, 모든 리스크를 스스로 책임질 수 있는 분만 따라 하기를 바랍니다. 만약 불필요한 리스크를 감당하기 어렵다면 '이런 방법도 있다'라는 것만 알아두어도 좋습니다.

자동화를 위한 준비물 - API 키 발급

암호화폐를 실시간으로 매매하려면 암호화폐 거래소 계정이 필요합니다. 공식 거래소 앱이 아닌 외부에서 만든 자동화 소프트웨어를 사용하려면 거래소에서 제작한 공식 API라는 소프트웨어를 사용해야 합니다. 국내 거래소 중에서는 코인원 API가 사용방법이 가장 쉬우므로 코인원 API를 활용한 자동거래 소프트웨어를 만들었습니다.

따라서 이 책에서 안내하는 자동거래 시스템을 활용하려면 코인원 계정을 만들어야 합니다. 또한 코인원을 통해 암호화폐를 거래하려면 농협은행의 계좌가 필요하므로 참고하기 바랍니다.

---

2 작가는 랜덤 워크 가설(random walk hypothesis)과 현대 포트폴리오 이론(modern portfolio theory)만을 신뢰한다.

❶ 아래 주소로 접속하여 회원가입 후 로그인합니다. 모바일 브라우저보다는 데 스크톱 브라우저 활용을 추천합니다.

https://coinone.co.kr/developer/app/

❷ [통합 API 관리] 메뉴에서 [새로운 키 발급] 버튼을 선택합니다.

❸ 'API 이름'을 입력하고, 'API 버전'의 V2 항목에 체크합니다. 'API 권한'에서는 자산 출금을 제외한 모든 항목에 체크하고 [API 생성] 버튼을 누릅니다.

❹ 코인원 계정과 연결된 이메일로 API 키가 발급됩니다.

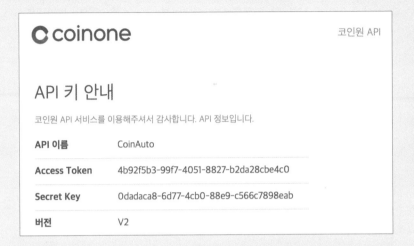

여기까지 진행되었다면 수익 자동화를 위한 준비는 모두 끝났습니다. 프로그램 작동 결과와 수익률이 마음에 드는지 테스트할 수 있게 만원 정도의 금액을 코인원 계좌에 충전해보기 바랍니다. 소액으로 충분히 검증한 뒤에 조금씩 액수를 늘려가는 것이 안전하기 때문입니다.

아울러, 이미 코인원 계좌에 보유 중이던 현금이나 코인이 있다면 다른 거래소로 모두 이전시키는 것을 권장합니다. 자동매매 소프트웨어가 현금 잔고를 코인 투자에 사용해버릴 수도 있으며, 계좌에 보유 중인 코인을 매도해버릴 수도 있기 때문입니다. 불필요한 손실 방지를 위하여 꼭 확인하기를 바랍니다.

코인오토 설치하기

❶ 아래 주소로 접속합니다. 이어 나오는 화면에서 [COIN AUTO]를 선택합니다.

https://needleworm.github.io/moneyauto/

❷ 사용 중인 컴퓨터의 운영체제에 맞는 프로그램을 다운로드합니다. 코인오토는 윈도와 맥에서 작동합니다. 프로그램 설치가 완료되었다면 더블클릭하여 실행합니다.

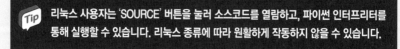
Tip 리눅스 사용자는 'SOURCE' 버튼을 눌러 소스코드를 열람하고, 파이썬 인터프리터를 통해 실행할 수 있습니다. 리눅스 종류에 따라 원활하게 작동하지 않을 수 있습니다.

① 윈도에서 보안 문제로 실행되지 않을 때

❶ 브라우저의 보안 경고메시지를
우클릭한 뒤 [유지]를 선택합니다.

❷ [그래도 계속] 버튼을 누르면 정상적으
로 실행됩니다.

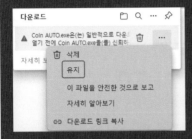

② 맥에서 보안 문제로 실행되지 않을 때

❶ [Control ^] 키를 누른 채 앱 아이콘
을 클릭합니다. 이어 나타나는 창에서
[열기] 버튼을 선택합니다.

❷ 경고창에 새로 나타난 [열기] 버튼을 누
르면 코인오토 애플리케이션이 실행됩
니다.

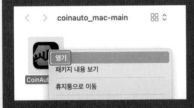

코인오토 사용 방법

❶ ① 'CoinOne API Access Token' 항목에 이메일로 전송받은 토큰을 입력합니다. ② 'CoinOne API Secret Key' 항목에 발급받은 Secret Key를 입력합니다. ❸ 'Choose Coin'에서 매매할 코인을 선택합니다. ❹ 모든 투자의 책임은 사용자에게 있다는 내용에 체크한 뒤 ❺ [Start Auto Trading] 버튼을 누릅니다.

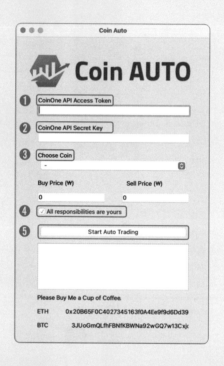

 ❸ Choose Coin에서 코인을 고르면 자동으로 현재 가격을 불러옵니다. 현재가보다 0.3% 낮은 금액이 'Buy Price(매수선, 현재 가격이 이것보다 낮아지면 전량매수)'에, 현재가보다 0.3% 높은 금액이 'Sell Price(매도선, 현재 가격이 이것보다 높아지면 전량매도)'에 자동 입력됩니다.
코인원의 거래 수수료가 0.1~0.2%가량이므로 기본값으로는 거래에 한 번 성공할 때마다 0.2~0.4%를 거두게 됩니다. 이 수익률에 만족한다면 기본값을 사용하고, 더 큰 수익을 원한다면 매수선을 더 낮게, 매도선을 더 높게 수정하기를 바랍니다.

❷ 매매 주문을 넣을 때마다 화면에 정보가 출력됩니다. 거래를 중단하려면 [Stop Auto Trading] 버튼을 누릅니다.

자동거래 실행 화면

❸ 코인원 앱에서 실제 거래내역을 확인할 수 있습니다.

애플리케이션 상에서 발생한 매수/매도주문은 실제 코인원 거래소로 연동됩니다. 위 사진에서는 만 원을 투자하여 20원을 벌었고, 매수와 매도 사이에는 대략 4초간의 텀이 있었습니다. 인간의 순발력으로는 코인을 매수했다가 4초 만에 되팔기는 쉽지 않겠지요.

단순하게 계산해 보면 대략 초당 수익률 0.05% 정도가 되며, 좀 더 단순하게 3,600초를 곱하면 시간당 수익률은 180%가 됩니다. 여기서 조금 더 단순하게 24시간을 곱해보면 하루 수익률 4,320%라는 괴상한 숫자가 나오게 됩니다.

이것이 알고리즘 트레이딩의 맹점입니다. 수익 발생에 흥분하여 욕심이 차오르기 시작하면 긍정적인 방향으로 극단적인 가정을 하게 됩니다. 일간 수익률을 제대로 계산하려면 실제로 한 시간에 거래가 몇 번 체결되는지 그 빈도를 함께 고려해야 합니다.

하루 4,320%를 달성하려면 온종일, 단 한 순간도 쉬지 않고 그래프가 매수선과 매도선 사이를 횡보해야 합니다. 하지만 현실에서는 훨씬 거래 빈도가 낮습니다. 운이 나쁜 날에는 한 번도 거래가 체결되지 않을 수도 있지요.

이를 고려하여 기대 수익률을 신중하게 계산해 보기 바랍니다.

NFT 아트 제작 자동화

NFT 수익 자동화 전략

OpenSea를 둘러보면 비슷한 NFT 들이 대량 유통되고 있는 것을 발견할 수 있습니다. 지금까지의 NFT는 예술가보다는 개발자들이 열광하는 대상이었고, 개발자들은 그림 그리기보다는 코딩을 더 잘합니다. 대량의 그림을 자동으로 생성해 주는 프로그램을 돌려 만든 그림들을 유통하는 것이 어느새 NFT의 트렌드가 되어버린 것입니다.

우리는 NFT 아트 자동 생성 프로그램인 'NFT AUTO'를 사용하여 대량의 이미지를 만들 것입니다. 'NFT AUTO'의 작동 영상은 아래의 URL 또는 QR 코드를 통해 확인할 수 있습니다.

https://youtu.be/oHBNYwqqflY

예전에는 많은 개발자들이 자동화 스크립트를 제작하여 OpenSea를 통해 NFT를 수 천 개씩 한번에 생성하곤 했습니다. 이는 OpenSea가 공식적으로 허가한 절차가 아니었고, 서버에도 큰 부담이 가해졌을 것입니다.

하지만 2022년 2월부터 OpenSea의 보안이 강화되며 NFT 등록 과정을 자동화할 수 없게 되었습니다. 따라서 현재 OpenSea에 NFT 판매를 신청하면 reCAPTCHA 창이 뜨며 인간인지 아닌지를 확인합니다.

NFT 생성을 자동화하는 방법도 있습니다만, 이 경우 토큰 발행을 위해 가스비[1]를 내야 합니다. 즉, NFT 1개당 일정 수준의 비용을 납부해야 합니다. 가스비를 부담하며 대량의 NFT를 발행했는데 하나도 안 팔린다면 몹시도 슬플 것입니다.

반면 OpenSea는 판매가 일어나는 순간에만 민팅이 일어나므로 별도의 비용 없이 NFT 수익화에 도전할 수 있습니다. 따라서 NFT 아트 생성까지는 자동으로 수행하고, 불편하더라도 등록은 OpenSea를 통하여 직접 하는 것을 권장합니다.

---

1 블록체인을 사용하기 위해 납부하는 일종의 수수료

NFT AUTO 설치하기

❶ 아래 주소로 접속합니다. 이어 나오는 화면에서 [NFT AUTO] 메뉴를 선택합니다.

https://needleworm.github.io/moneyauto

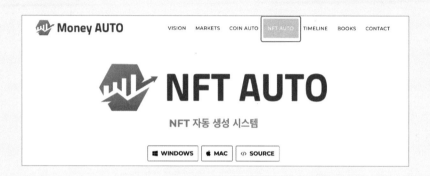

❷ 사용 중인 컴퓨터의 운영체제에 맞는 프로그램을 다운로드합니다. 프로그램 설치가 완료되었다면 더블클릭하여 실행합니다.

 NFT 오토 역시 윈도와 맥에서 작동합니다. 다운로드나 실행 과정에서 보안상 문제가 발생한다면 236쪽의 코인오토 설치 과정을 참고하기 바랍니다.

컬러 셔플 기법을 활용한 NFT 아트 자동 제작

미술이나 포토샵 활용이 서툰 일반인이 아름다운 그림을 그려서 수익을 창출하는 것은 쉽지 않습니다. 하지만 우리에게는 스마트폰이 있습니다. 스마트폰으로 찍은 평범한 사진을 컬러 셔플로 재탄생시켜 보겠습니다.

❶ [Color Shuffle] 탭을 선택하고 파일 탐색 버튼을 누릅니다. 파일 탐색창이 실행되면 원하는 이미지를 선택합니다.

> 컬러 셔플은 사진에 포함된 색상을 마구 섞어서 의도치 않은 새로운 감성의 이미지를 생성할 수 있는 기법입니다.

❷ 색상 민감도를 설정합니다. [Color sensitivity] 슬라이더를 왼쪽으로 옮길수록
민감도가 낮아지고, 오른쪽으로 옮길수록 민감도가 높아집니다. 되도록 기본값
그대로 사용하는 것을 추천합니다. 설정을 마쳤다면 [Start] 버튼을 누릅니다.

❸ 프로그램이 실행되며 화면 하단의 막대에 작업 진행 정도가 표시됩니다.

❹ 애플리케이션이 설치된 폴더 안에 새로운 폴더가 생성되며, 해당 폴더 안에 색상 이 변조된 NFT 아트가 저장됩니다. 이 중 마음에 드는 이미지를 골라 OpenSea를 통해 판매하면 됩니다.

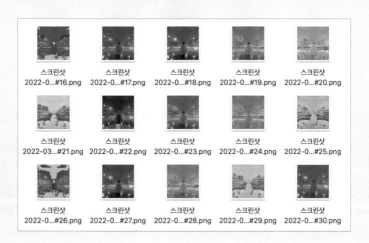

레이어 중첩 기법을 통한 NFT 아트 자동 제작

레이어 중첩 기법은 NFT 시장에서 가장 흔하고 널리 사용되는 방법입니다. 원리는 매우 단순하지만, 이 기법을 활용하려면 어느 정도의 디자인 경험이 필요합니다.

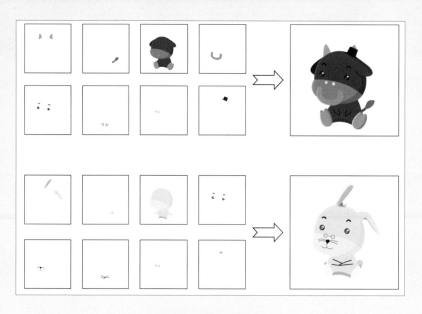

레이어 중첩의 원리

레이어 중첩 기법은 캐릭터의 몸통이나 이목구비, 액세서리 등 주요 구성요소를 여러 조각으로 쪼갠 다음 하나씩 쌓아 올리며 캐릭터를 조립하는 것입니다. 위 사진에서는 모자를 쓴 소와 왕관을 쓴 토끼 이미지를 조립하는 과정이 소개되고 있습니다.

만약 두 캐릭터 레이어에서 몸통 부분을 섞어버리면, 토끼 귀가 달린 소와 코뚜레를 한 토끼가 만들어지겠지요? 이것이 레이어 중첩 기법의 기본적인 원리입니다. 앞의 그림에서는 한 장의 캐릭터를 조합하기 위해 총 8층의 레이어를 쌓아 올렸습니다. 각 층별로 여러 종류의 이미지를 준비해두고, 이를 하나하나 쌓아 올려 이미지를 완성하는 것입니다.

따라서 다량의 그림을 그려야 하므로 관련 분야 전공자나 경험이 있는 사람이 아니라면 입문하기가 쉽지 않습니다. 반대로 디자인 전공자가 입문하기에는 가장 좋은 영역이기도 합니다.

레이어를 준비하는 방법은 다양합니다. 본인에게 익숙한 디자인 툴을 사용해도 좋습니다만, 모든 레이어 이미지의 가로 길이와 세로 길이는 똑같아야 합니다. 레이어 이미지 크기가 들쭉날쭉하면 토끼 몸통에 귀가 달려있는 이상한 그림이 완성될 수도 있으니까요(레이어가 정사각형일 필요는 없습니다).

지금부터 어도비 일러스트레이터를 기준으로 레이어를 분리 저장하는 방법을 살펴보겠습니다.

❶ 이미지 파일 확장자는 .png로 준비합니다. 컬러 프로파일은 RGBA 모드로 저장해야 하며, CMYK 모드에서는 에러가 발생할 수 있습니다. 배경은 투명으로 설정합니다.

❷ 먼저 각 구성 요소들을 쪼개어 별도의 레이어에 배치하고, 모든 레이어의 대지 테두리에 정사각형 박스를 둘러 줍니다. 스트로크 색상은 투명으로 설정합니다.

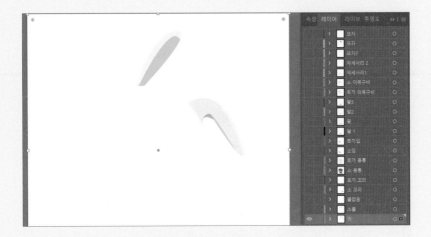

❸ 모든 레이어를 선택하고 하단의 ⬚ 버튼을 눌러 '내보내기 위하여 자산 모으기'를 실행합니다.

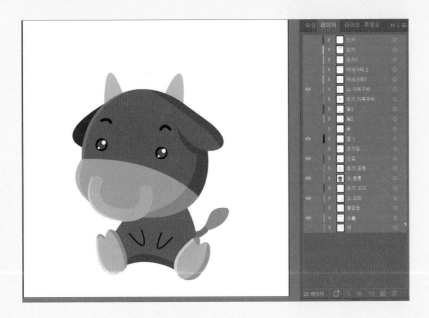

❹ [Shift] 키를 누른 상태에서 자산들을 클릭하여 선택하고, 하단의 [내보내기] 버튼을 누릅니다.

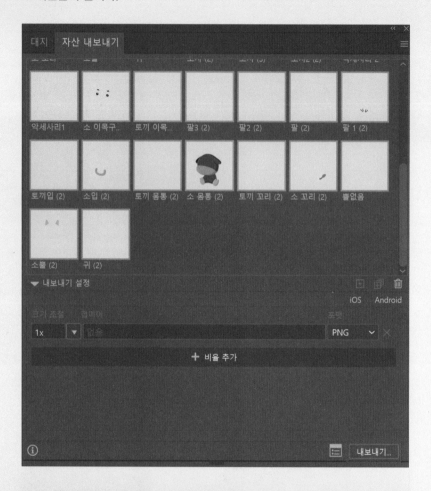

 이때, 크기 조절 메뉴를 활용해 이미지 크기를 제한하는 것을 추천합니다. 기본값으로 내보낼 경우 해상도가 너무 높아, 추후 프로그램 동작 시 작업 시간이 무척 오래 걸릴 수 있습니다. 추천하는 해상도는 가로세로 600px 이하입니다.

❺ 내보내기 된 대지를 별도의 폴더에 나눠 담습니다. 작가는 배경까지 포함해 9층의 레이어를 사용할 것이므로, 9개의 폴더에 자산을 나눠 담았습니다.

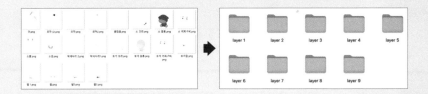

❻ NFT AUTO를 실행합니다. 'Layer Augmentation' 탭을 선택하고 파일 탐색 버튼을 눌러 순서에 맞게 레이어 폴더들을 입력합니다.

 레이어는 최대 10층까지 활용할 수 있으며, 사용하려는 레이어 개수가 10개 미만이면 남은 칸은 비워 두면 됩니다.

❼ 폴더 입력이 완료되었다면 [Start] 버튼을 누릅니다. 화면에 실시간으로 레이어들이 겹쳐지며 NFT 아트가 제작되는 과정이 출력됩니다.

❽ 애플리케이션이 설치된 폴더에 새로운 폴더가 생성되며, 그 안에 NFT 아트가 저장됩니다.

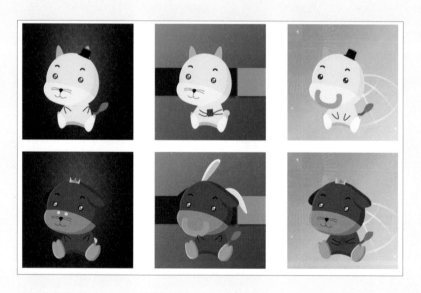

메타버스 아이템 제작 자동화

메타버스, 과시성 소비에 최적화된 세상

현실 세계는 인간의 욕구와 개성이 발현되며 경제를 회전시키고 있습니다. 하지만 아직 메타버스 서비스들은 현실 세계의 이해관계와 욕구를 완전히 구현하지 못한 상황입니다. 따라서 현실 세계의 사람들과 메타버스 세상 속 유저의 욕구는 방향을 조금 달리한다는 점을 인지해야 합니다.

아직은 메타버스 세상 속의 데이터가 자본소득을 증가시키거나, RPG 게임의 아이템처럼 지나치게 큰 효용성을 가지는 경우는 드뭅니다. 덕분에 제페토 같은 순수 커뮤니케이션 플랫폼을 지향하는 메타버스 서비스에서 유저들은 자기 자신을 뽐내는 데에 돈을 씁니다.

메타버스 제페토에 입점한 해외 패션 브랜드들

　현실 세계에 비하여 메타버스 세상 속에서는 과시성 소비의 효용성도 훨씬 뛰어납니다. 메타버스 세상 속에서는 마음만 먹으면 하루에도 수천 명의 사람과 교류할 수 있으며, 나만의 아바타를 머리부터 발끝까지 화려하게 치장하는 것도 가능합니다. 심지어 현실 세계의 패션 아이템에 비하면 가격도 훨씬 저렴하고요.

　이래저래 메타버스 세상은 패션에 돈을 쓰기 좋은 환경입니다. 그래서일까요? 명품 브랜드들도 하나둘 메타버스 세상에 입점하고 있습니다. 이 트렌드를 빠르게 주도하고 있는 메타버스 플랫폼이 바로 네이버의 자회사, SNOW에서 운영하는 제페토입니다.

　제페토의 수익화에 대해서 조금 더 이야기해보겠습니다.

제페토 스튜디오

　제페토는 돈을 쓰고 싶은 사람들과 돈을 벌고 싶은 사람들을 연결해 주는 플랫폼 역할을 합니다. 제페토 사용자들은 나만의 캐릭터를 개성 있고 아름답게 꾸미기 위하여 돈을 지불합니다. 그리고 제페토를 통해 패션 아이템이나 월드[1]를 판매하려는 사람들도 모여들고 있습니다.

　그뿐만 아니라, 제페토는 창작자들을 적극적으로 모집하기 위해 굉장한 노력을 기울이고 있습니다.

　망해가는 온라인 게임의 유저들은 "이 게임 할 게 없네."라는 이야기를 입에 달고 삽니다. 콘텐츠, 즉 즐길 거리가 없다면 유저들이 계속해서 플랫폼에 머무를 이유가 없지요. 바꿔 말하면 재미있는 콘텐츠가 끝없

제페토 스튜디오 홈페이지

1　제페토의 기능 중 하나로, 일종의 가상 세상을 의미한다. 유저가 직접 월드를 만들어 제페토에서 판매할 수도 있다.

이 쏟아진다면 유저들이 플랫폼을 떠나지 않을 것이라는 말입니다.

이를 잘 알기 때문일까요? 제페토는 '제페토 스튜디오'라는 서비스를 별도로 운영하며, 새로운 콘텐츠를 생산하려는 사람들을 적극적으로 유치하고 있습니다. 제페토 스튜디오를 통해 디자이너와 개발자들이 수익을 창출할 수도 있고요.

또한, 기획자와 디자이너, 개발자가 협업하여 본격적으로 월드를 만드는 팀이 등장할지도 모릅니다. 지금은 취미로 모인 팀들일 가능성이 큽니다만, 만약 제페토라는 플랫폼이 꾸준히 성장한다면 제페토 위에서 수익을 창출하며 살아가는 개인이나 회사가 생길지도 모르지요.

우리도 제페토 스튜디오를 활용하여 수익을 창출해 볼 것입니다. 메타버스 세계의 아바타들이 입을 패션 아이템들을 디자인해보고, 판매까지 해 보겠습니다.

패션 아이템 디자인하기

제페토 스튜디오를 활용하려면 제페토 계정이 필요합니다. 스마트폰에 제페토 앱을 설치하고, 회원가입을 마칩니다. 이 과정에서 캐릭터를 신중하게 선택하기를 바랍니다. 한 번 선택한 캐릭터를 바꾸려면 돈이 들 수도 있기 때문입니다.

준비가 완료되었다면 패션 아이템 디자인을 시작해 보겠습니다.

❶ 아래 주소로 접속합니다. 이어 나오는 화면 중앙의 [시작하기] 버튼을 눌러 로그인합니다.

> https://studio.zepeto.me/kr

❷ 화면 왼쪽 상단의 [+ 만들기] 버튼을 누릅니다.

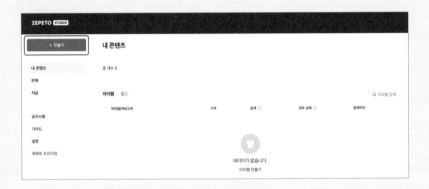

❸ 콘텐츠 선택 화면에서 [아이템] 버튼을 누릅니다.

❹ 구매할 수 있는 아이템이 나타납니다. 이 의상의 모양과 형태는 고정이고, 무늬
와 색상은 우리가 마음껏 편집할 수 있습니다. 이 점을 고려하여 원하는 형태의
아이템을 구매하기 바랍니다.

❺ 구매할 의상을 선택합니다. 작가는 '크롭 후디' 아이템을 구매했습니다.

크롭 후디
무료

❻ 템플릿 에디터가 실행되면 화면 위쪽의 [템플릿 다운로드] 버튼을 누릅니다.

❼ 다운로드 된 압축파일을 풀면 .png 파일과 .psd 파일이 나타납니다. psd 파일을 선택해 보겠습니다.

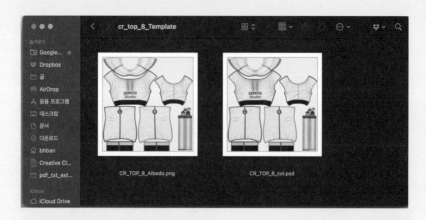

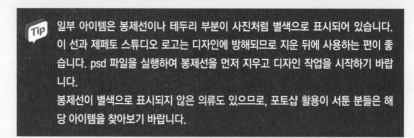

Tip 일부 아이템은 봉제선이나 테두리 부분이 사진처럼 별색으로 표시되어 있습니다. 이 선과 제페토 스튜디오 로고는 디자인에 방해되므로 지운 뒤에 사용하는 편이 좋습니다. psd 파일을 실행하여 봉제선을 먼저 지우고 디자인 작업을 시작하기 바랍니다.
봉제선이 별색으로 표시되지 않은 의류도 있으므로, 포토샵 활용이 서툰 분들은 해당 아이템을 찾아보기 바랍니다.

❽ .psd에서 스킨 파일을 실행한 모습입니다. 오른쪽 레이어 창에서 'Guide_
Line' 레이어를 숨기면 편하게 작업할 수 있습니다.

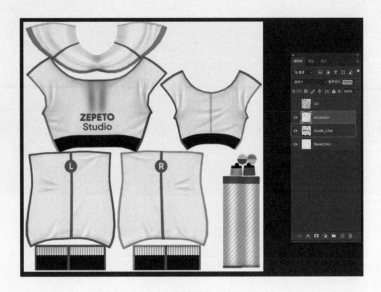

❾ 레이어를 숨기고 로고를 삽입한 모습입니다. 브러시를 비롯한 다양한 툴을 활
용해 나만의 아이템을 만들어 보기를 바랍니다.

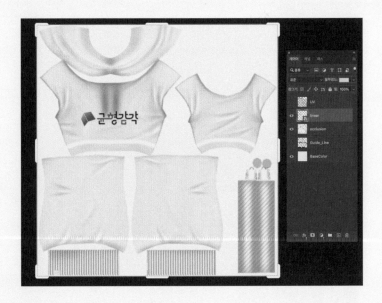

⓾ 모든 디자인 작업이 끝났다면 파일을 .png 파일 형식으로 내보내기 합니다.

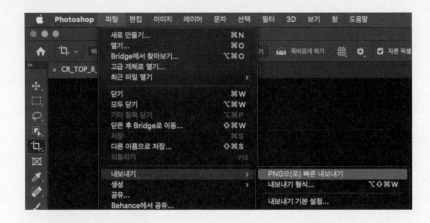

⓫ 템플릿 에디터에서 [업로드하기] 버튼을 눌러 수정된 .png 파일을 업로드합니다. 왼쪽 미리보기 화면에 내가 디자인한 옷을 입은 캐릭터가 나타납니다.

⓬ 수정할 곳이 없다면 오른쪽 상단의 [확인] 버튼을 누릅니다.

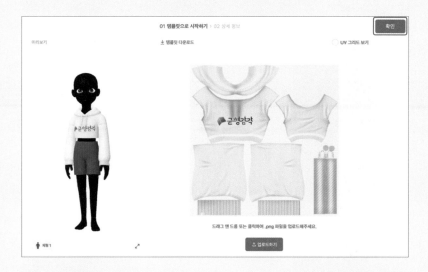

⓭ 잠시 기다리면 완성된 디자인을 상품으로 등록할 수 있는 화면이 나타납니다. 아이템 이름과 가격 등 상세정보를 입력하고 [심사 제출하기]를 선택하면 판매 심사가 진행됩니다.

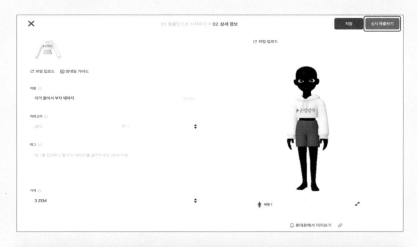

 타인의 디자인을 베끼거나 명품 로고 삽입 등, 지식재산권을 침해하는 경우 심사가 반려될 수 있습니다.

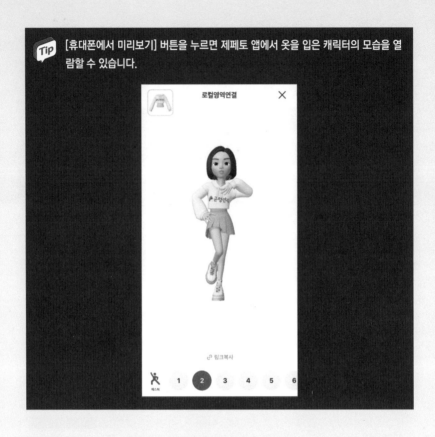

> **Tip** [휴대폰에서 미리보기] 버튼을 누르면 제페토 앱에서 옷을 입은 캐릭터의 모습을 열람할 수 있습니다.

❹ 심사가 끝나면 제페토 스튜디오에 '승인됨'이 표시됩니다. 이제 누구든지 이 옷을 구매할 수 있습니다. 크리에이터가 디자인한 옷은 제페토 플랫폼의 화폐 단위인 '젬'으로 판매됩니다.

⑮ 제페토 스튜디오 화면 왼쪽의 [지급] 메뉴에서 젬을 현금으로 환전할 수 있습니다.

현재 페이팔을 통해 달러로 환전할 수 있으며, 다양한 환전 방식이 추가될 가능성이 있습니다.

메타버스 패션 디자인의 자동화

제페토 플랫폼의 패션 디자인은 .png 이미지를 수정하는 것으로 진행됩니다. 그리고 우리는 이미 자동으로 이미지 파일을 수정하며 대량의 유사 이미지를 생성하는 NFT AUTO 툴을 사용해 봤습니다.

디자인에 자신 있는 사람이라면 .psd 파일 템플릿에 다양한 디자인을 레이어로 구현한 뒤, 레이어를 각각 png 파일로 내보내기 하여 NFT AUTO의 레이어 중첩 기능을 활용해 보기 바랍니다.

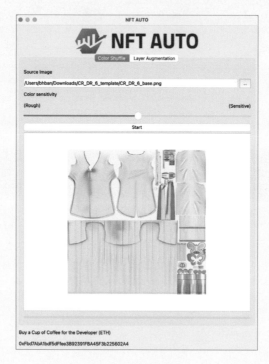

NFT AUTO 실행 모습

작가는 레이어를 예쁘게 꾸밀 자신이 없으므로, 기본 템플릿에 컬러 셔플을 적용해 디자인해 보았습니다.

NFT AUTO로 만든 한복 디자인

어떤가요? 연갈색 디자인이 다양한 색으로 변했고, 개성 있는 무늬까지 생겼습니다.

디자인 전공자라면 레이어 중첩을 통해 여러 가지 디자인을 고안하고, 그 이미지를 다시 컬러 셔플해 보면 어떨까요? 작가보다 훨씬 훌륭한 아이템을 순식간에 제작할 수 있을 것입니다.

마치며

이 또한 과거의 모습일 뿐입니다

테크 트리니티가 개척해나가고 있는 영역은 무척이나 새롭고 낯선 영역입니다. 혹자는 "무엇이 바뀌고 있는지 전혀 모르겠다."라고 평가하기도 하며, 누군가는 "너무 빠르게 세상이 바뀌어 따라갈 수 없다."라고도 합니다.

작가는 후자에 가까운 사람입니다. 이 책을 집필하는 동안에도 테크 트리니티 생태계는 무척 빠른 속도로 변화했습니다. 특히 NFT 생태계의 변화와 발전은 너무나도 당황스러웠고요. 어쩌면 이 책에서 여러분과 함께 살펴본 '미래의 모습'은 대다수의 '과거의 모습'에 불과할지도 모르겠습니다.

2022년 3월은 다오(DAO)를 통해 익명의 사람들이 국보를 낙찰받고, 누군가는 NFT를 통해 인생 역전의 꿈을 맛봤으며, 메타버스 플랫폼 위에서 생계를 이어가려는 사람들도 생겨나던 세상입니다.

그 과정에서 생소한 개념이 현실에 스며들어 권위를 건드리고 있습니다. 기득권의 반발과 탄압도 현재진행형이고요. 규제의 사각지대와 기술자들의 흥미가 겹치는 영역에서 재미있는 시도들이 새롭게 탄생하고 있습니다. 이 중 얼마나 많은 프로젝트가 살아남아 또다시 우리의 일상에 스며들 수 있을까요?

이를 지켜보는 것은 무척이나 흥미로운 일입니다. 지금까지 그랬듯이 앞으로도 테크 트리니티의 새 기술은 흥망성쇠를 겪을 것입니다. 그 위에 적극적으로 올라타서 큰 기회를 잡는 것도 여러분의 몫이며, 한 발 떨어져 시장의 변화를 지켜보다가 이득을 취하는 것도 여러분의 몫입니다.

관망이 항상 최악의 수단인 것은 아닙니다. 10년 전부터 스마트 팩토리 산업계에서는 로봇팔의 가격이 내려가기만을 기다리고 있었습니다. 그리고 로봇팔은 아직도 가격이 내려가고 있습니다. 가치 있는 기술의 토대가 성숙하면 보급의 물꼬가 열리게 됩니다. 구체적인 계획과 비전이 있다면 급류처럼 흘러가는 현상을 그저 바라보기만 하는 것도 좋습니다.

부디 부지불식간에 찾아온 변화의 물결에 휩쓸리지만 않기를 바라며 글을 마칩니다.

참고문헌

Chapter 2

- 리장영. "금융 포커스: 서브프라임 사태와 금융규제, 감독 강화방안." 주간금융브리프 17.16 (2008): 10−11.
- 신종협, 최형선, 최원. "과거 금융위기 사례분석을 통한 최근 글로벌 금융위기 전망." 한국보험연구원 조사보고서. 권호:10−1. 2010.1 (2010): 1−135.
- 이승훈. "통화공급의 여러 경로." KDI 경제정보센터. 2011년 9월 30일. Web. 2021년 1월 4일.
- Financial Crisis Inquiry Commission. The financial crisis inquiry report: The final report of the National Commission on the causes of the financial and economic crisis in the United States including dissenting views. Cosimo, Inc., 2011.
- Koh, Youngsun. "한국은행의 준재정활동 (Quasi−Fiscal Activities of the Bank of Korea)." KDI Journal of Economic Policy 25.1 (2003): 99−145.
- Mackenzie, Mr George A., and Mr Peter Stella. Quasi−fiscal operations of public financial institutions. International monetary fund, 1996.
- Nakamoto, Satoshi. "Bitcoin: A peer−to−peer electronic cash system." Decentralized Business Review (2008): 21260. Available at https://bitcoin.org/bitcoin.pdf.

Chapter 3

- 한국은행 경제통계시스템. "통화량 추이." e-나라지표. 2021년 8월 18일. Web. 2021년 1월 4일.
- Nakamoto, Satoshi. "Bitcoin: A peer-to-peer electronic cash system." *Decentralized Business Review* (2008): 21260.

Chapter 4

- Buterin, Vitalik. "A next-generation smart contract and decentralized application platform." Ethereum project white paper 3.37 (2014).
- Maurer, Felix Konstantin. "A survey on approaches to anonymity in Bitcoin and other cryptocurrencies." Informatik 2016 (2016).
- Maxwell, Gregory: , CoinJoin: Bitcoin privacy for the real world, 2013.
- Rakesh Sharma. "Bananacoin". Investopedia. Jan 17, 2022. Web. https://www.investopedia.com/terms/b/bananacoin.asp. Jan 17, 2022.
- Wood, Gavin. "Ethereum: A secure decentralised generalised transaction ledger." Ethereum project yellow paper 151.2014 (2014): 1-32.

Chapter 9

- Brown, Abbie, and Tim Green. "Virtual reality: Low-cost tools and resources for the classroom." TechTrends 60.5 (2016): 517-519.
- Heilig, Morton L. "Sensorama simulator." US PAT. 3,050,870 (1962).
- Heilig, Morton L. "Stereoscopic-television apparatus for individual use." U.S. Patent No. 2,955,156. 4 Oct. 1960.
- Mary Ann Sell (November 10, 2017). "Focusing on View-Master history and value". Antique Trader. Retrieved November 2, 2019.

- Scott S. Fisher; The NASA Ames VIEWlab Project—A Brief History. Presence: Teleoperators and Virtual Environments 2016; 25 (4): 339—348. doi: https://doi.org/10.1162/PRES_a_00277
- Sutherland, Ivan E. "A head—mounted three dimensional display." Proceedings of the December 9—11, 1968, fall joint computer conference, part I. 1968.
- Wade, Nicholas J. "Charles Wheatstone (1802—1875)." Perception 31.3 (2002): 265—272.

Chapter 10

- Bourboulou, R., Marti, G., Michon, F. X., El Feghaly, E., Nouguier, M., Robbe, D., ⋯ & Epsztein, J. (2019). Dynamic control of hippocampal spatial coding resolution by local visual cues. Elife, 8, e44487.
- Grimshaw, Mark (2014). The Oxford Handbook of Virtuality. New York: Oxford University Press. p. 702. ISBN 9780199826162.
- Henschke, Julia U., et al. "Reward association enhances stimulus—specific representations in primary visual cortex." Current Biology 30.10 (2020): 1866—1880.
- Jaynes, Christopher, et al. "The Metaverse: a networked collection of inexpensive, self—configuring, immersive environments." *Proceedings of the workshop on Virtual environments 2003.* 2003.
- Joshi, A., Salib, M., Viney, T. J., Dupret, D., & Somogyi, P. (2017). Behavior—dependent activity and synaptic organization of septo—hippocampal GABAergic neurons selectively targeting the hippocampal CA3 area. Neuron, 96(6), 1342—1357.
- Zyda, Michael, et al. "Does the metaverse start now?." *Proceedings of the 2003 symposium on interactive 3D graphics.* 2003.